三田上空より東京タワー方面（空撮）。

東京エリアマップ

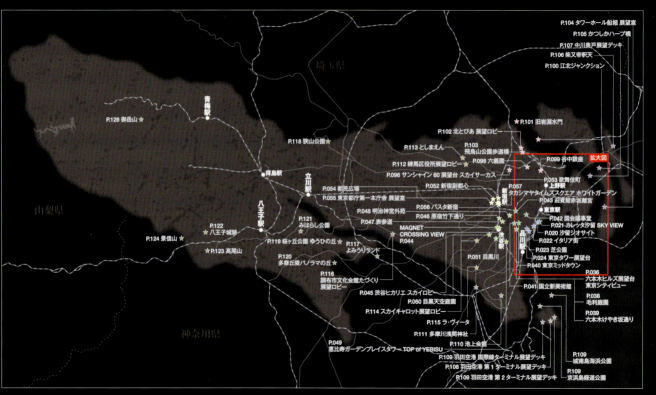

★本書の情報は2018年12月現在のものであり、その後変更される場合があります。

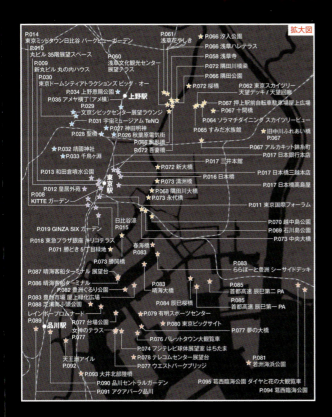

はじめに

　本書は東京の夜景スポットを最新の写真付きで紹介したヴィジュアルガイドブックです。2014年に刊行した弊著『大阪夜景』は、2017年に増補改訂版が出るほどの好評を得ており、今回そのコンセプトを受け継いだ東京版として刊行したものです。

　本書では都内全域を大きく13のエリアに分け、いわゆる定番のスポットから、こんな場所にもあったのかという穴場スポット、話題の最新スポットまで、バリエーション豊かな全137ヶ所を厳選。さらに建築物のライトアップなど、街を歩きながら楽しめるスポットや、ナイトハイキング向けの山夜景も紹介しています。

　執筆にあたりましては、丹念な取材と評価を重ね、そのスポットの特徴が最大限に伝わるような夜景写真の掲載と、簡潔で分かりやすい解説文を心がけました。またページをめくるたび、実際に東京の夜景巡りをしているような気分になっていただけるよう掲載順を工夫しています。

　本書を通じて、皆様が日々変わりゆく東京の夜景、および東京の街そのものを再発見するきっかけとなれば幸いです。そして、ぜひ実際に足を止め、夜景の素晴らしさを体感してみて下さい。それが人生における大切な1ページとなり、明日を生きる活力の源となることを願って止みません。

写真家　　堀　寿伸

Contents

002 東京エリアマップ
003 はじめに

[東京駅周辺エリア]
008 KITTEガーデン
009 新丸ビル 丸の内ハウス
010 丸ビル 35階展望スペース
011 東京国際フォーラム
012 皇居外苑
013 和田倉噴水公園
014 東京ミッドタウン日比谷 パークビューガーデン
015 日比谷濠
016 日本橋
017 日本橋の近代建築
　　日本橋三越本店／日本橋高島屋／三井本館／日本銀行本店
018 東急プラザ銀座 キリコテラス
019 GINZA SIX ガーデン

[汐留・浜松町エリア]
020 汐留シオサイト
021 カレッタ汐留 SKY VIEW
022 イタリア街
023 芝公園
024 東京タワー展望台

[秋葉原・後楽園・上野エリア]
026 秋葉原電気街
027 神田明神
028 聖橋
029 文京シビックセンター展望ラウンジ
030 東京ドームシティ アトラクションズ ビッグ・オー
031 宇宙ミュージアムTeNQ
032 靖國神社
033 千鳥ヶ淵
034 上野恩賜公園
035 アメヤ横丁[アメ横]

[六本木・赤坂エリア]

- 036 六本木ヒルズ展望台 東京シティビュー
- 038 毛利庭園
- 039 六本木けやき坂通り
- 040 東京ミッドタウン
- 041 国立新美術館
- 042 国会議事堂
- 043 迎賓館赤坂離宮

[渋谷エリア]

- 044 MAGNET CROSSING VIEW
- 045 渋谷ヒカリエ スカイロビー
- 046 原宿竹下通り
- 047 表参道
- 048 明治神宮外苑
- 049 恵比寿ガーデンプレイスタワー TOP of YEBISU
- 050 目黒天空庭園
- 051 目黒川

[新宿エリア]

- 052 新宿副都心
- 053 歌舞伎町
- 054 都民広場
- 055 東京都庁第一本庁舎 展望室
- 056 バスタ新宿
- 057 タカシマヤタイムズスクエア ホワイトガーデン

[浅草・隅田川エリア]

- 058 浅草寺
- 060 浅草文化観光センター 展望テラス
- 061 浅草花やしき
- 062 東京スカイツリー® 天望デッキ/天望回廊
- 064 ソラマチダイニング スカイツリービュー
- 065 すみだ水族館
- 066 東京スカイツリー鑑賞スポット
  隅田公園/駒形橋/浅草ハレテラス/汐入公園
  押上駅前自転車駐車場屋上広場/十間橋/アルカキット錦糸町/旧中川ふれあい橋
- 068 隅田川大橋
- 069 石川島公園
- 070 越中島公園
- 071 勝どき5丁目緑地
- 072 隅田川の橋梁ライトアップ
  桜橋/隅田川橋梁/吾妻橋/新大橋
  清洲橋/永代橋/中央大橋/勝鬨橋

[東京湾岸エリア]

- 074 フジテレビ球体展望室 はちたま
- 076 パレットタウン大観覧車
- 077 お台場その他
  ウエストパークブリッジ/女神のテラス/台場公園/夢の大橋
- 078 テレコムセンター展望台
- 079 有明スポーツセンター
- 080 東京ビッグサイト
- 081 若洲海浜公園
- 082 豊洲
  豊洲ぐるり公園
  豊洲市場 屋上緑化広場/ららぽーと豊洲 シーサイドデッキ/晴海大橋/春海橋
- 084 辰巳桜橋
- 085 首都高速 辰巳第一PA/辰巳第二PA
- 086 晴海客船ターミナル
- 087 晴海客船ターミナル 展望台
- 088 芝浦南ふ頭公園
- 089 レインボープロムナード
- 090 品川セントラルガーデン
- 091 アクアパーク品川
- 092 天王洲アイル
- 093 大井北部陸橋
- 094 葛西臨海公園
- 095 葛西臨海公園 ダイヤと花の大観覧車

[東京23区北部エリア]

- 096 サンシャイン60展望台 スカイサーカス
- 098 六義園
- 099 谷中銀座
- 100 江北ジャンクション
- 101 旧岩淵水門
- 102 北とぴあ 展望ロビー
- 103 飛鳥山公園歩道橋

[東京23区東部エリア]

- 104 タワーホール船堀 展望室
- 105 かつしかハープ橋
- 106 柴又帝釈天
- 107 中川奥戸展望デッキ

[東京23区南部エリア]

- 108 羽田空港
  第1ターミナル展望デッキ/
  第2ターミナル展望デッキ/国際線ターミナル展望デッキ/
  城南島海浜公園/京浜島緑道公園
- 110 池上会館
- 111 多摩川浅間神社

[東京23区西部エリア]
112　練馬区役所展望ロビー
113　としまえん
114　スカイキャロット展望ロビー
115　ラ・ヴィータ

[東京都下エリア]
116　調布市文化会館たづくり 展望ロビー
117　よみうりランド
118　狭山公園
119　桜ヶ丘公園 ゆうひの丘
120　多摩丘陵パノラマの丘
121　みはらし公園
122　八王子城跡
123　高尾山
124　景信山
126　御岳山

127　おわりに

錦糸町上空より東京スカイツリー（空撮）。

KITTEガーデン
KITTE GARDEN

東京駅周辺エリア

所在地：東京都千代田区丸の内2-7-2／アクセス：東京メトロ東京駅に直結、JR東京駅から徒歩すぐ／営業時間：午前11時〜午後11時（日曜・祝日は午後10時まで）／料金：無料／駐車場：有料
Access : Directly connected to Tokyo sta. (Tokyo Metro), a short walk from JR Tokyo sta.

JR東京駅丸の内駅前広場と丸の内駅舎。
Tokyo sta. Marunouchi Ekimae Hiroba and Marunouchi Building.

旧東京中央郵便局舎の敷地に誕生した「JPタワー」。丸の内駅前広場に面する低層棟は旧局舎のファサードが再現され、内部には日本郵便が手がけた初の商業施設「KITTE」が入居。6階にある屋上庭園「KITTEガーデン」からは2012年に復元が完了したJR東京駅丸の内駅舎や周辺の高層ビル群を一望できる。

新丸ビル 丸の内ハウス
SHIN-MARUNOUCHI BUILDING [MARUNOUCHI] HOUSE

所在地：東京都千代田区丸の内1-5-1／アクセス：東京メトロ東京駅に直結、JR東京駅から徒歩2分／営業時間：午前11時〜翌4時（日曜・祝日・連休最終日は午後11時まで）／料金：無料／駐車場：有料
Access : Directly connected to Tokyo sta. (Tokyo Metro), 2 min. walk from JR Tokyo sta.

JR東京駅丸の内駅舎と八重洲口のビル群。
JR Tokyo sta.'s Marunouchi sta. Building and Buildings in Yaesu.

東京駅前に建つ新丸ビルの7階に位置する「丸の内ハウス」。街のゲストハウスをコンセプトに、複数のレストランと通路の境界を感じさせない斬新なフロアデザインが特徴。建物を取り囲むように配置された開放的なテラス席からは周辺の街並みを一望。特に正面側から見るJR東京駅丸の内駅舎が素晴らしい。

東京駅周辺エリア
丸ビル 35階展望スペース
MARUNOUCHI BUILDING 35F OBSERVATORY

所在地：東京都千代田区丸の内2-4-1／アクセス：東京メトロ東京駅に直結、JR東京駅から徒歩2分／営業時間：午前11時〜午後11時（日曜・祝日は午後10時まで）／料金：無料／駐車場：有料
Access : Directly connected to Tokyo sta. (Tokyo Metro), 2 min. walk from JR Tokyo sta.

皇居外苑と霞が関〜六本木方面の夜景。
Night view of Kokyo Gaien, Kasumigaseki and Roppongi.

かつて東洋一のビルと謳われ、低層階を一般に開放した先駆的なオフィスビルとして知られる旧丸ノ内ビルヂングの外観を低層部に再現した新しい「丸ビル」。35階レストランフロアの吹き抜け空間にある展望スペースからは、眼下に皇居外苑、さらに六本木方面のビル群やベイエリア方面まで見渡すことができる。

東京国際フォーラム
Tokyo International Forum

所在地:東京都千代田区丸の内3-5-1／アクセス:JR・東京メトロ有楽町駅から徒歩1分／営業時間:午前7時〜午後23時30分／料金:無料／駐車場:有料

Access : 1 min. walk from Yurakucho sta. (JR and Tokyo Metro)

ライトアップされたガラス棟内部。
Inside the illuminated Glass Building.

旧東京都庁舎の跡地に建設された国際コンベンションセンター「東京国際フォーラム」。建築家ラファエル・ヴィニオリの設計による「船」をモチーフとしたガラス張りの巨大なアトリウム(ガラス棟)が特徴。夜間には天井の内部構造がライトアップされ、内側からも外側からも非常に美しい姿を見せる。

東京駅周辺エリア
皇居外苑
KOKYO GAIEN NATIONAL GARDEN

所在地：東京都千代田区皇居外苑1-1／アクセス：東京メトロ二重橋前駅、日比谷駅から徒歩2分／営業時間：終日開放／駐車場：無し（近隣のパーキングを利用）
Access : 2 min. walk from Nijubashimae sta. and Hibiya sta. (Tokyo Metro)

皇居前広場から見る丸の内の夜景。
Night view of Marunouchi seen from the Imperial Palace square.

天皇の平常時における宮殿となる皇居の周囲に張り巡らされた濠に沿って設けられている皇居外苑。皇居前広場の周辺では桜田門や二重橋などの日本を代表する歴史的建造物を見ることができる。また東京駅側では約2000本の松林のバックに整然と建ち並ぶ丸の内地区の高層ビル群の夜景が楽しめる。

和田倉噴水公園
Wadakura Fountain Park

所在地：東京都千代田区皇居外苑3-1／アクセス：東京メトロ二重橋前駅、東京メトロ・都営地下鉄大手町駅から徒歩2分／営業時間：終日開放（噴水は午後8時まで）／駐車場：無し（近隣のパーキングを利用）
Access : 2 min. walk from Nijubashimae sta. (Tokyo Metro), Otemachi sta. (Tokyo Metro and Toei Subway)

和田倉噴水公園のライトアップ。
Illuminated Wadakura Fountain Park.

皇居外苑の和田倉地区にある和田倉噴水公園は、1961年に天皇の成婚を記念して創建。1995年に皇太子の成婚を機に大噴水の再整備が行われ、躍動感ある滝や、静かなせせらぎ等が新たに追加された。夜間には園内の水景がライトアップされ、昼間とは異なった表情を見せる。

東京駅周辺エリア

東京ミッドタウン日比谷 パークビューガーデン
TOKYO MIDTOWN HIBIYA PARK VIEW GARDEN

所在地：東京都千代田区有楽町1-1-2／アクセス：東京メトロ・都営地下鉄日比谷駅に直結／営業時間：午前11時～午後11時／料金：無料／駐車場：有料
Access : Directly connected to Hibiya sta. (Tokyo Metro and Toei Subway)

日比谷公園と霞が関方面の夜景。
Night view of Hibiya Park and Kasumigaseki.

2018年3月に開業した複合施設「東京ミッドタウン日比谷」。芸術文化・エンターテインメントの街である日比谷の特徴を活かし、屋外の日比谷ステップ広場や商業施設のアトリウムでは様々なイベントが開催されている。6階のテラス「パークビューガーデン」からは日比谷公園を一望することができる。

日比谷濠
HIBIYA MORT

所在地：東京都千代田区皇居外苑1／アクセス：東京メトロ・都営地下鉄日比谷駅から徒歩1分／営業時間：終日開放／駐車場：無し（近隣のパーキングを利用）
Access : 1 min. walk from Hibiya sta. (Tokyo Metro and Toei Subway)

日比谷交差点付近から見る日比谷濠の夜景。
Night view of Hibiya mort as seen from near the Hibiya intersection.

皇居を取り囲む濠（堀）の一つ、日比谷濠の東側には旧第一生命館（現DNタワー21）や、日本初の西欧式劇場となる帝国劇場など、歴史的なビルが建ち並ぶ。夜間にはそれらのビル群や街灯に照らされた樹木が水面に映り込み、特に無風状態の時には驚くほど幻想的な夜景を見ることができる。

東京駅周辺エリア
日本橋
NIHONBASHI BRIDGE

所在地：東京都中央区日本橋1／アクセス：東京メトロ日本橋駅、三越前駅から徒歩2分／営業時間：終日開放／駐車場：無し（近隣のパーキングを利用）
Access : 2 min. walk from Nihonbashi and Mitsukoshimae sta. (Tokyo Metro)

日本橋川とライトアップされた日本橋。
Nihonbashi river and the illuminated Nihonbashi bridge.

1603年に東海道の基点として徳川家康によって架けられた日本橋は、現在でも日本の主要国道の始点となっている。国の重要文化財である現橋梁は1911年に完成。青銅製の照明灯には麒麟と獅子の像が鎮座する。夜間には暖色系の照明が灯り、橋脚のライトアップと共に荘厳な雰囲気を演出している。

日本橋の近代建築
Modern Architectures in Nihonbashi

江戸を代表する繁華街だった日本橋は、明治以降において日本経済の中心地として発展。関東大震災や戦災を乗り越え、戦後には商業、ビジネス街として隆盛を極めた。現在でも当時の繁栄を偲ばせる建物が数多く残っており、夜間には美しくライトアップされた姿を楽しむことができる。

日本橋三越本店 1914年竣工（1935年他増築）横河民輔 設計。

日本橋高島屋 1933年竣工（1952年他増築）高橋貞太郎、村野藤吾（増築）設計。

三井本館 1929年竣工 トローブリッジ＆リヴィングストン事務所 設計。

日本銀行本店 1896年竣工 辰野金吾 設計。

TOKYO CITY　　AROUND TOKYO STATION

東京駅周辺エリア
東急プラザ銀座 キリコテラス
TOKYU PLAZA GINZA KIRIKO TERRACE

所在地：東京都中央区銀座5-2-1／アクセス：東京メトロ銀座駅から徒歩1分／営業時間：午前11時〜午後9時／料金：無料／駐車場：有料
Access : 1 min. walk from Ginza sta. (Tokyo Metro)

キリコテラスから見下ろす数寄屋橋交差点。
The Sukiyabashi intersection as seen from Kiriko Terrace.

2016年3月に開業した東急不動産による商業施設「東急プラザ銀座」。銀座の新しいランドマークに相応しく、伝統工芸の江戸切子をモチーフとした透明感のある美しいファサードを備える。屋上のパブリックスペース「キリコテラス」からは、華やかな銀座の街並みや有楽町〜日比谷方面を見渡すことができる。

GINZA SIX ガーデン
GINZA SIX Garden

所在地：東京都中央区銀座6-10-1／アクセス：東京メトロ銀座駅から徒歩2分／営業時間：午前7時～午後11時／料金：無料／駐車場：有料
Access : 2 min. walk from Ginza sta. (Tokyo Metro)

銀座通りと新橋方面の夜景。
Night view of Ginza street and Shimbashi area.

2017年4月、松阪屋銀座店の跡地にエリア最大級の商業施設として開業した「GINZA SIX」。13階には約4000㎡の広さを誇る屋上庭園「GINZA SIX ガーデン」があり、夜間にはシックにライトアップされた庭園や、外周に沿って続く全長約370mの回廊から東西南北全ての方向の夜景を楽しむことができる。

汐留・浜松町エリア

汐留シオサイト
SHIODOME SIO-SITE

所在地：東京都港区東新橋1他／アクセス：ゆりかもめ・都営地下鉄汐留駅、新橋駅からすぐ、JR・東京メトロ新橋駅から徒歩2分／駐車場：有料
Access : A short walk from Shiodome sta. and Shimbashi sta. (Yurikamome and Toei Subway), and 2 min. walk from Shimbashi sta. (JR and Tokyo Metro)

カレッタプラザから見上げる汐留のビル群。
Buildings of Shiodome as seen from Caretta Plaza.

汐留貨物駅跡地の再開発により誕生した立体複合都市「汐留シオサイト」。太古の岩の渓谷をイメージしたというカレッタプラザの地下空間から見上げるペデストリアンデッキと超高層ビル群の組み合わせは近未来的な景観。亀の噴水では午後10時までの毎正時ごとに約20分間、蒸気が噴出する体感アートが行われる。

カレッタ汐留 SKY VIEW
CARETTA SHIODOME SKY VIEW

所在地：東京都港区東新橋1-8-2／アクセス：ゆりかもめ・都営地下鉄汐留駅、新橋駅からすぐ、JR・東京メトロ新橋駅から徒歩2分／営業時間：午前11時〜午後11時／料金：無料／駐車場：有料
Access : A short walk from Shiodome sta. and Shimbashi sta. (Yurikamome and Toei Subway), and 2 min. walk from Shimbashi sta. (JR and Tokyo Metro)

隅田川の河口とベイエリア方面の夜景。
Night view of the estuary of the Sumidagawa river and Bay Area.

汐留シオサイトに建つ電通本社ビル内の商業施設「カレッタ汐留」。46階と47階のレストラン街には無料の展望スペース「SKY VIEW」があり、地上200mからの眺めを楽しむことができる。眼下には旧築地市場跡地や浜離宮恩賜庭園、遠くにはレインボーブリッジや勝どき方面のタワーマンション群を見渡すことができる。

汐留・浜松町エリア
イタリア街
ITALIAN TOWN

所在地：東京都港区東新橋2／アクセス：ゆりかもめ・都営地下鉄汐留駅から徒歩5分／営業時間：終日開放／駐車場：有料
Access : 5 min. walk from Shiodome sta. (Yurikamome and Toei Subway)

汐留西公園から見る夜のイタリア街。
Italian town of the night seen from Shiodome-nishi Park.

汐留シオサイト5区（西街区）に位置するイタリア街では、地面に敷かれた石畳、西欧風の建物、カフェやレストランなど、イタリアを共通のテーマとした街づくりが行われている。中央にある広場に立つと、まるで異国の地にいるかのような気分が味わえる。ドラマや写真撮影のロケ地として使われることも多い。

芝公園
SHIBA PARK

所在地:東京都港区芝公園1〜4／アクセス:都営地下鉄芝公園駅、御成門駅、赤羽橋駅から徒歩／営業時間:終日開放／駐車場:無し(近隣のパーキングを利用)
Access : Walking distance from Shibakoen, Onarimon and Akabanebashi sta. (Toei Subway)

芝公園4号地から見る東京タワー。
Tokyo Tower seen from Shiba Park 4th Block.

東京タワーの東側一帯に広がる緑豊かな芝公園は、1873年に開園した日本最古の公園の一つであり、現在は増上寺の境内を取り囲むように複数の緑地帯が整備されている。園内の芝生広場や遊歩道からは美しくライトアップされた東京タワーを綺麗に眺めることができ、デートスポットとしても人気が高い。

汐留・浜松町エリア
東京タワー展望台
TOKYO TOWER OBSERVATORY

メインデッキより東方向、虎ノ門〜汐留〜お台場〜品川方面の夜景。
Night view from the east side of Tokyo Tower's Main Deck.

所在地：東京都港区芝公園4-2-8／アクセス：都営地下鉄赤羽橋駅から徒歩5分、御成門駅から徒歩6分、東京メトロ神谷町駅から徒歩7分／駐車場：有料

Access : 5 and 6 min. walk respectively from Akabanebashi sta. and Onarimon sta. (Toei Subway), and 7 min. walk from Kamiyacho sta. (Tokyo Metro)

1958年の完成以来、東京を代表するランドマークとして親しまれている東京タワー。高さ150mの展望台「メインデッキ」からは、日々変わりゆく東京の街並みを360度立体的に見渡すことができる。さらに高さ250mの展望台「トップデッキ」からの眺望を楽しむには体験型展望ツアー「トップデッキツアー」の事前予約がお勧め。

秋葉原・後楽園・上野エリア

秋葉原電気街
AKIHABARA ELECTRIC TOWN

所在地：東京都千代田区外神田1他／アクセス：JR・東京メトロ秋葉原駅からすぐ／営業時間：店舗により異なる／駐車場：無し（近隣のパーキングを利用）
Access : Right next to Akihabara sta. (JR and Tokyo Metro)

夜の秋葉原、中央通り沿いの街並み。
Akihabara at night, the streets along the Chuo Dori.

日本最大の電気街として知られる秋葉原。家電やパソコンショップ、ホビー、アニメ関連のショップが所狭しと建ち並び、国内のみならず世界中から人々が訪れる一大観光地となっている。また2005年に「つくばエクスプレス」が開業したことにより、東京都心のターミナル駅としての機能も併せ持つ街となった。

神田明神
Kanda Myojin Shrine

所在地：東京都千代田区外神田2-6-2／アクセス：JR・東京メトロ 御茶ノ水駅、東京メトロ新御茶ノ水駅・末広町駅から徒歩5分／参拝時間：終日開放（ライトアップは午後11時まで）／駐車場：無し（近隣のパーキングを利用）
Access : 5 min. walk from Ochanomizu sta. (JR and Tokyo Metro), and Shin-ochanomizu and Suehirocho sta. (Tokyo Metro)

ライトアップされた隨神門。
Illuminated Zuishinmon gate.

天平2年（730年）に創建されたとされる神田明神（神田神社）。現在は東京の中心108町会の氏神として崇められている。日本三大祭、および江戸三大祭の一つでもある「神田祭」が行われることで有名。夜間には御神殿や隨神門などのライトアップと共に580基の燈明が灯り、境内が厳粛で神々しい雰囲気に包まれる。

秋葉原・後楽園・上野エリア
聖橋
HIJIRIBASHI BRIDGE

所在地：東京都千代田区神田駿河台4〜文京区湯島1／アクセス：JR・東京メトロ御茶ノ水駅、東京メトロ新御茶ノ水駅からすぐ／駐車場：無し（近隣のパーキングを利用）
Access : Right next to Ochanomizu sta. (JR and Tokyo Metro) and Shin-ochanomizu sta. (Tokyo Metro)

聖橋より秋葉原方面を望む。
View of Akihabara from the Hijiribashi bridge.

1927年に関東大震災の復興橋梁の一つとして架けられた聖橋。橋の名称は湯島聖堂とニコライ堂を結ぶことに由来している。橋上から東側を臨めば、神田川沿いのJR御茶ノ水駅から発着する中央線と総武線、さらに東側に東京メトロ丸ノ内線の電車が立体的に交差するという、さながらジオラマ模型のような光景が広がる。

文京シビックセンター展望ラウンジ
BUNKYO CIVIC CENTER SKY VIEW LOUNGE

所在地：東京都文京区春日1-16-21／アクセス：東京メトロ後楽園駅、都営地下鉄春日駅から徒歩1分／営業時間：午前9時～午後8時30分／料金：無料／駐車場：有料
Access : 1 min. walk from Korakuen sta. (Tokyo Metro) or Kasuga sta. (Toei Subway)

展望ラウンジより西方向、新宿～池袋方面の夜景。
Shinjuku and Ikebukuro areas from the observation lounge.

文京区役所の入る複合ビル「文京シビックセンター」の25階には一般に開放された無料の展望ラウンジが設けられており、地上105mの高さから、西は新宿や池袋方面、東は東京スカイツリーや丸の内方面の大パノラマが広がる。空気が良ければ新宿副都心の向こう側に富士山のシルエットまで見ることができる。

秋葉原・後楽園・上野エリア

東京ドームシティ アトラクションズ ビッグ・オー
TOKYO DOME CITY ATTRACTIONS BIG-O

所在地：東京都文京区後楽1-3-61／アクセス：東京メトロ後楽園駅、都営地下鉄春日駅から徒歩3分／営業時間：時期により異なる／料金：有料／駐車場：有料
Access : 3 min. walk from Korakuen sta. (Tokyo Metro) or Kasuga sta. (Toei Subway)

イルミネーションに包まれる東京ドームシティ。
Tokyo Dome City in illumination.

東京ドームシティ内にある大観覧車「ビッグ・オー」は、中心軸のない世界初のセンターレス大観覧車であり、中心部をジェットコースターのレールが貫くという珍しい構造になっている。最高部の高さは80m、ゴンドラ内では東京ドームの豆知識や観光案内を聞きながら15分間の空中散歩を楽しむことができる。

宇宙ミュージアムTeNQ
TENQ SPACE MUSEUM

所在地:東京都文京区後楽1-3-61 黄色いビル6F／アクセス:JR・都営地下鉄水道橋駅から徒歩2分／営業時間:午前11時～午後9時(土曜・日曜・祝日・特定日は午前10時～) ※最終入館は午後8時まで／料金:有料／駐車場:有料
Access : 2 min. walk from Suidobashi sta. (JR and Toei Subway)

高解像度映像が圧巻の「シアター宙(ソラ)」。
Theater Sora with its spectacular high-resolution graphics.

東京ドームシティ内にある宇宙をテーマとしたエンタテインメントミュージアム「TeNQ（テンキュー）」。館内は全9つのエリアで構成される。直径11mの大きな穴を上から覗き込むような独自スタイルの映像空間「シアター宙(ソラ)」では、国際宇宙ステーションから見下ろした地球の実写映像などを楽しむことができる。

秋葉原・後楽園・上野エリア
靖國神社
YASUKUNI JINJA SHRINE

所在地:東京都千代田区九段北3-1-1／アクセス:東京メトロ・都営地下鉄九段下駅から徒歩5分／参拝時間:午前6時〜午後6時（1月〜2月、11月〜12月は午後5時まで）／駐車場:有料
Access : 5 min. walk from Kudanshita sta. (Tokyo Metro and Toei Subway)

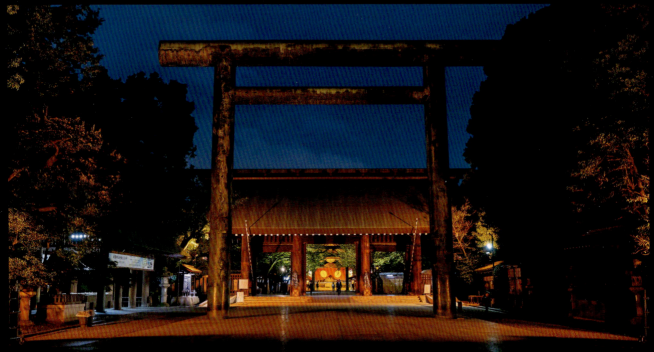

ライトアップされた神門と第二鳥居。
Illuminated Divine Gate and the second torii.

1896年、明治天皇によって創建された招魂社が1879年に靖國神社と改称され今日に至る。その社号の「国を靖（安）んずる」という語源の通り、国家の為に殉じた方々が英霊として祀られている。通常、夜間は門が閉ざされているが、例大祭などの祭事中には参道に篝火が焚かれた厳かな神域を拝観することができる。

千鳥ヶ淵
Chidorigafuchi Moat

所在地：東京都千代田区九段南2他／アクセス：東京メトロ・都営地下鉄九段下駅、東京メトロ半蔵門駅から徒歩5分／営業時間：終日開放／駐車場：無し（近隣のパーキングを利用）
Access : 5 min. walk from Kudanshita sta. (Tokyo Metro and Toei Subway) and Hanzomon sta. (Tokyo Metro)

千鳥ヶ淵緑道から見る夜桜のライトアップ。
Illuminated cherry blossoms seen from Chidorigafuchi-ryokudo.

皇居の北西側にある千鳥ヶ淵は、濠が「千鳥」のような形状をしているため名付けられたとされている。千鳥ヶ淵緑道は都内有数の桜の名所として有名であり、シーズンになると多くの観光客で賑わう。夜間には桜のライトアップが行われ、千鳥ヶ淵に浮かぶボートと夜桜の光景は東京の春の風物詩となっている。

秋葉原・後楽園・上野エリア
上野恩賜公園
UENO IMPERIAL GIFT PARK

所在地：東京都台東区上野恩賜公園および池之端3／アクセス：JR・京成・東京メトロ上野駅から徒歩／開園時間：午前5時～午後11時／駐車場：有料
Access : Walking distance from Ueno sta. (JR, Keisei and Tokyo Metro)

水面に映える不忍池弁天堂のライトアップ。
The surface of water reflecting the illuminated Shinobazunoike Bentendo.

1873年に開園した都内最古の公園の一つ「上野恩賜公園」。総面積は約54万㎡、「上野の森」や「上野の山」とも呼ばれ、園内に美術館や博物館、動物園などの施設が多数存在する文化芸術の集積地となっている。夜景スポットとしては南西側にある不忍池弁天堂のライトアップが池の水面に映える様子が特に美しい。

アメヤ横丁 [アメ横]
Ameya Yokocho [Ameyoko]

所在地:東京都台東区上野6-10-7／アクセス:JR・京成・東京メトロ上野駅、JR御徒町駅、東京メトロ上野広小路駅、仲御徒町駅、都営地下鉄上野御徒町駅から徒歩／営業時間:店舗により異なる／駐車場:無し(近隣のパーキングを利用)
Access : Walking distance from Ueno sta. (JR, Keisei, and Tokyo Metro), JR Okachimachi sta., Ueno-hirokoji sta. (Tokyo Metro), Naka-okachimachi sta. (Tokyo Metro), and Ueno-okachimachi sta. (Toei Subway)

多くの人々で賑わうアメ横の夜。
Bustling nights at Ameya Yokocho.

JR上野駅〜御徒町駅間の高架下付近に伸びる商店街「アメヤ横丁（アメ横）」。名称の由来には戦後に飴を売る店が多かったという説や、米軍の放出品を売る店が多かったという説などがある。アメ横周辺には様々な品物を扱う商店が所狭しと建ち並び、威勢のよい呼び込みの声が飛び交う昔ながらの雰囲気が残る。

六本木・赤坂エリア

六本木ヒルズ展望台 東京シティビュー
Roppongi Hills Observatory Tokyo City View

屋内展望回廊より東方向の夜景。東京タワーと東京スカイツリーの共演が楽しめる。
Night view from the observation deck corridor's east side.

所在地：東京都港区六本木6-10-1／アクセス：東京メトロ六本木駅に直結、都営地下鉄六本木駅から徒歩4分／営業時間：[屋内天望回廊] 午前10時～午後11時（金曜・土曜・休前日は午前1時まで）[スカイデッキ] 午前11時～午後8時（雨天・強風等の荒天時はクローズ）／※貸切、イベント等により入場できない場合あり 公式サイトを要確認(https://tcv.roppongihills.com/)／料金：有料／駐車場：有料
Access : Directly connected to Roppongi sta. (Tokyo Metro), 4 min. walk from Roppongi sta. (Toei Subway)

六本木ヒルズ森タワーの52階に設けられている展望台「東京シティビュー」。海抜250mの屋内展望回廊に加え、海抜270mの屋上「スカイデッキ」に登れば大空と風を肌で感じられる。東京の中心から望む眺望はまさに絶景。東京タワーや都心の高層ビル群、新宿、渋谷方面の街並みなど、大都会の夜景を堪能することができる。

六本木・赤坂エリア

毛利庭園
MOHRI GARDEN

所在地：東京都港区六本木6／アクセス：東京メトロ六本木駅に直結、都営地下鉄六本木駅から徒歩4分／営業時間：午前7時〜午後11時／料金：無料／駐車場：有料

Access : Directly connected to Roppongi sta. (Tokyo Metro), 4 min. walk from Roppongi sta. (Toei Subway)

ヒルサイドから見る毛利庭園の夜桜。
Illuminated cherry blossoms in Mohri Garden seen from the Hill side.

六本木ヒルズ内にある江戸時代の大名屋敷の名残を今に伝える「毛利庭園」。この広大な日本庭園には、池を中心に滝や渓流、川のせせらぎがあり、多種多様な植物や木々が生育。四季折々に変化する木々の表情を楽しむことができる。春期には桜のライトアップ、冬期にはイルミネーションイベントも開催されている。

六本木けやき坂通り
Roppongi Keyakizaka Street

所在地:東京都港区六本木6／アクセス:東京メトロ六本木駅に直結、都営地下鉄六本木駅から徒歩4分／営業時間:終日開放／駐車場:有料
Access : Directly connected to Roppongi sta. (Tokyo Metro), 4 min. walk from Roppongi sta. (Toei Subway)

六本木けやき坂通りのイルミネーション。
Illumination of Roppongi Keyakizaka street.

六本木ヒルズのメインストリート「けやき坂通り」。全長約400mの通り沿いには名前の由来となったケヤキ並木が続き、花壇には四季に応じて様々な草花が咲き誇る。都内有数のイルミネーションスポットとしても知られ、並木に装飾された100万灯以上の光が沿道を包み込む様子は圧巻。東京タワーとの共演も見どころ。

東京ミッドタウン
TOKYO MIDTOWN

六本木・赤坂エリア

所在地：東京都港区赤坂9-7-1／アクセス：都営地下鉄六本木駅に直結／営業時間：店舗により異なる／駐車場：有料
Access : Directly connected to Roppongi sta. (Toei Subway)

ミッドタウン・ガーデンとミッドタウン・タワー。
Midtown Garden and Midtown Tower.

赤坂の旧防衛庁本庁檜町庁舎跡地に開業した複合施設「東京ミッドタウン」。高さ248mの「ミッドタウン・タワー」を中心に、商業施設、オフィス、ホテル、美術館などの都市機能が集積。芝生広場を備えるミッドタウン・ガーデンや、隣接する檜町公園を合わせた広大な緑地帯は、さながら都会のオアシスとなっている。

国立新美術館
THE NATIONAL ART CENTER TOKYO

所在地：東京都港区六本木7-22-2／アクセス：東京メトロ乃木坂駅に直結／営業時間：午前10時～午後6時（企画展会期中の金曜日・土曜日は午後8時まで）／料金：有料／駐車場：無し（近隣のパーキングを利用）
Access : Directly connected to Nogizaka sta. (Tokyo Metro)

館内照明が美しい国立新美術館。
The National Art Center with beautiful interior lighting.

国内最大級の展示スペース（14,000㎡）を誇る「国立新美術館」。建築家・黒川紀章設計による緩やかなカーブを描く全面ガラス張りの美しい外観は、新時代の美術館に相応しい洗練された佇まい。六本木ヒルズの「森美術館」、東京ミッドタウンの「サントリー美術館」と共に、「六本木アート・トライアングル」を構成する。

国会議事堂
NATIONAL DIET BUILDING

六本木・赤坂エリア

所在地：東京都千代田区永田町1-7-1／アクセス：東京メトロ国会議事堂前駅、永田町駅から徒歩3分／営業時間：ライトアップは午後8時まで／駐車場：無し（近隣のパーキングを利用）
Access : 3 min. walk from Kokkai-gijidomae sta. or Nagatacho sta. (Tokyo Metro)

正門前から見る国会議事堂のライトアップ。
Illuminated National Diet Building seen from the Main gate.

日本の政治の中枢であり国会が開催される「国会議事堂」。建物は1936に帝国議会議事堂として建設されたもので、御影石で覆われた外観は「白亜の殿堂」と賞賛された。正面向かって左側が衆議院、右側が参議院となっている。夜間は中央塔のライトアップが行われており、正門前からその姿を鑑賞することができる。

迎賓館赤坂離宮
State Guest House Akasaka Palace

所在地：東京都港区元赤坂2-1-1／アクセス：JR・東京メトロ四ツ谷駅から徒歩7分／営業時間：午前10時〜午後5時（夜間公開はイベント時のみ）／料金：有料／駐車場：無し（近隣のパーキングを利用）
Access : 7 min. walk from Yotsuya sta. (JR and Tokyo Metro)

ライトアップされた迎賓館赤坂離宮。
Illumination of the State Guest House, Akasaka Palace.

1909年に東宮御所として建設され、その後様々な用途で使用された後、1974年に迎賓施設として改修された「迎賓館赤坂離宮」。ネオ・バロック様式による壮大な宮殿建築は、明治期における近代洋風建築の到達点とされている。年に数回行われる夜間公開時には、美しくライトアップされた姿を見学することができる。

渋谷エリア

MAGNET CROSSING VIEW
MAGNET CROSSING VIEW

所在地：東京都渋谷区神南1-23-10／アクセス：JR・東京メトロ・東急・京王渋谷駅から徒歩すぐ／営業時間：午前11時〜午後11時（最終入場は午後10時30分）／料金：有料／駐車場：無し（近隣のパーキングを利用）
Access : A short walk from Shibuya sta. (JR, Tokyo Metro, Tokyu and Keio)

渋谷駅前スクランブル交差点の夜景。
Night view of the Scramble Intersection in front of Shibuya sta.

2018年4月に開業したファッションビル「MAGNET by SHIBUYA109」。屋上フロアには展望スペース「CROSSING VIEW」が設けられており、渋谷の象徴とも言えるスクランブル交差点を上から見下ろすことができる。信号が青に変わった途端、大勢の人々が一斉に交差点を行き交う様子が非常にダイナミックな夜景スポット。

渋谷ヒカリエ スカイロビー
SHIBUYA HIKARIE SKY LOBBY

所在地：東京都渋谷区渋谷2-21-1／アクセス：JR・東京メトロ・東急・京王渋谷駅から徒歩すぐ／営業時間：午前10時〜午前0時／料金：無料／駐車場：有料
Access : A short walk from Shibuya sta. (JR, Tokyo Metro, Tokyu and Keio)

再開発が進む渋谷駅東側の夜景。
Night view on the east side of Shibuya sta. under redevelopment.

渋谷を代表する文化拠点として知られた東急文化会館の跡地に開業した複合ビル「渋谷ヒカリエ」。地上34階建ての高層ビル内に様々な都市機能を立体的に集約。オフィスエントランスとなる11階のスカイロビーからは、街を一から作り変える勢いで再開発が進む渋谷駅周辺の夜景を眺めることができる。

渋谷エリア
原宿竹下通り
HARAJUKU TAKESHITA-DORI STREET

所在地：東京都渋谷区神宮前1／アクセス：JR原宿駅から徒歩すぐ、東京メトロ明治神宮前〈原宿〉駅から徒歩2分／営業時間：店舗により異なる／駐車場：無し（近隣のパーキングを利用）
Access : A short walk from JR Harajuku sta. or a 2 min. walk from Meiji-jingumae<Harajuku> sta. (Tokyo Metro)

賑わう夜の竹下通り。
Takeshita-Dori street at night, bustling with people.

若者向けファッションの街として知られる原宿のメインストリート「竹下通り」。全長350mほどの通り沿いに多種多様な店舗がひしめき、休日になると多数の若者で溢れる。近年は外国人観光客向けのお土産などを扱う店舗も増えてきた。毎日午前11時から午後6時までは車両進入禁止の歩行者天国となる。

表参道
OMOTESANDO

所在地:東京都渋谷区神宮前(神宮橋交差点)〜港区北青山(表参道交差点)／アクセス:東京メトロ明治神宮前駅、表参道駅から徒歩すぐ／営業時間:イルミネーションはイベント時のみ／駐車場:無し(近隣のパーキングを利用)
Access : A short walk from Meiji-jingumae sta. and Omote-sando sta. (Tokyo Metro)

表参道のイルミネーション。
Illumination of Omotesando.

明治神宮の造営に合わせて建設された参道の一つ「表参道」。冬至の朝には明治神宮から青山通り方面に向かって真っ直ぐに太陽が昇るよう設計されている。ケヤキ並木が続く全長1.1kmの通り沿いには有名ブランドの路面店が集積、冬期にはイルミネーションが行われ、高級感ある街の雰囲気がさらに華やかになる。

渋谷エリア
明治神宮外苑
MEIJIJINGU GAIEN PARK

所在地：東京都新宿区霞ヶ丘町1他／アクセス：JR信濃町駅、東京メトロ外苑前駅、青山一丁目駅、都営地下鉄国立競技場駅から徒歩／営業時間：ライトアップはイベント時のみ／駐車場：有料
Access : Walking distance from JR Shinanomachi sta., Gaienmae, Aoyama-itchome sta.(Tokyo Metro) and Kokuritsu-kyogijo sta. (Toei Subway).

神宮外苑のイチョウ並木と聖徳記念絵画館。
Ginkgo street at Jingu Gaien and Meiji Memorial Picture Gallery.

1926年、明治天皇の業績を後世に伝えるべく旧青山練兵場跡地に造成された「明治神宮外苑」。シンボルとなる洋風建築「聖徳記念絵画館」を中心に、「明治神宮野球場」など多数の競技場がある。青山通りから続く全長約300m、146本のイチョウ並木は黄葉スポットとして知られ、期間中にはライトアップが行われる。

恵比寿ガーデンプレイスタワー TOP of YEBISU
YEBISU GARDEN PLACE TOWER TOP OF YEBISU

所在地：東京都渋谷区恵比寿4-61-1／アクセス：JR恵比寿駅から徒歩5分、東京メトロ恵比寿駅から徒歩8分／営業時間：午前11時〜午後11時30分／料金：無料／駐車場：有料
Access : 5 min. walk from JR Ebisu sta. and 8 min. from Ebisu sta. (Tokyo Metro)

スカイラウンジより六本木〜東京タワー方面の夜景。
Night view of Roppongi and Tokyo Tower from the Sky Lounge.

恵比寿駅からスカイウォークで結ばれた複合施設「恵比寿ガーデンプレイス」。「恵比寿ガーデンプレイスタワー」の38階と39階にあるレストラン街「TOP of YEBISU」のエレベーターホールからは渋谷〜新宿方面、38階のスカイラウンジからは東京都心方面と、無料の展望スペースとは思えないスケールの夜景が広がる。

渋谷エリア
目黒天空庭園
MEGURO SKY GARDEN

所在地：東京都目黒区大橋1-9-2／アクセス：東急池尻大橋駅から徒歩3分／営業時間：午前7時〜午後9時／料金：無料／駐車場：無し（近隣のパーキングを利用）
Access : 3 min. walk from Tokyu Ikejiri-ohashi sta.

目黒天空庭園と三軒茶屋方面の夜景。
Night view of the Meguro Sky Garden and Sangenjaya.

首都高速大橋ジャンクションと一体化した建物の屋上部分に設けられている「目黒天空庭園」。上から見ると緩やかなカーブを描く楕円形になっており、高低差24m、全長約400mの坂を登っていく構造。夜間には遊歩道に照明が灯り、静かな雰囲気の中で夜景が楽しめる。空気が良ければ富士山が見えることもある。

目黒川
Meguro River

所在地：東京都目黒区上目黒1他／アクセス：東京メトロ・東急中目黒駅から徒歩／営業時間：ライトアップはイベント時のみ／駐車場：無し（近隣のパーキングを利用）
Access : Walking distance from Nakameguro sta. (Tokyo Metro and Tokyu)

ライトアップされた目黒川の夜桜。
Illuminated cherry blossoms along Meguro river.

東京都世田谷区の三宿付近から南東方向へと流れ、天王洲アイル付近で東京湾へと注ぐ目黒川。中目黒駅付近の川沿いは都内有数の桜の名所であり、両岸から川面を覆うように咲き誇る様子は東京の春の風物詩。夜間には照明とぼんぼりによるライトアップが行われ、幻想的な桜のアーチを楽しむことができる。

TOKYO CITY　　051　　SHIBUYA

新宿副都心
SHINJUKU SUBCENTER

新宿エリア

所在地：東京都新宿区西新宿2／アクセス：東京メトロ西新宿駅、都営地下鉄都庁前駅から徒歩／駐車場：無し（近隣のパーキングを利用）
Access : Walking distance from Nishi-shinjuku sta. (Tokyo Metro) or Tochomae sta. (Toei Subway)

新都心歩道橋から見上げる西新宿の超高層ビル群。
Skyscrapers at Nishi-shinjuku as seen from Shintoshin footbridge.

日本最大のターミナル、新宿駅の西側一帯に広がる再開発地区「新宿副都心」。1971年の京王プラザホテルを皮切りに高さ200mを超えるビルが続々と完成し、日本における超高層ビル街の先駆的存在となった。その先進的な都市景観は現在においても東京を代表するイメージとして使用されることが多い。

歌舞伎町
KABUKICHO

所在地:東京都新宿区歌舞伎町／アクセス:・西武新宿駅からすぐ、JR・東京メトロ・都営地下鉄新宿駅から徒歩3分／駐車場:無し(近隣のパーキングを利用)
Access : Right next to Seibu Shinjuku sta., 3 min. walk from Shinjuku sta. (JR, Tokyo Metro and Toei Subway)

ネオンが輝く歌舞伎町一番街。
Kabukicho Ichibangai with bright electric lights.

新宿駅の東側に位置する日本最大の歓楽街「歌舞伎町」。ナイトライフを楽しむための店舗が高密度に集積し、その規模は世界でも有数のもの。深夜においても人通りが絶えず、煌々と輝くネオンサインが通りの両サイドを埋め尽くすエネルギッシュで非日常的な夜の風景はまさに「眠らない街」そのものである。

新宿エリア
都民広場
CITIZEN'S PLAZA

所在地：東京都新宿区西新宿2-8-1／アクセス：都営地下鉄都庁前駅から徒歩すぐ、東京メトロ西新宿駅から徒歩5分／営業時間：終日開放／駐車場：有料

Access : A short walk from Tochomae sta. (Toei Subway), 5 min. from Nishi-shinjuku sta. (Tokyo Metro)

ライトアップ時の東京都庁第一本庁舎。
Illuminated Tokyo Metropolitan Government building.

東京都庁の第一本庁舎と都議会議事堂の間にある「都民広場」からは、建築家、丹下健三の後期の代表作となっている東京都庁舎の外観を下から見上げることができる。普段は特にライトアップは行われていないが、イベントやその他のキャンペーン活動に連動して様々な色でライトアップされることがある。

東京都庁第一本庁舎 展望室
TOKYO METROPOLITAN GOVERNMENT BUILDING OBSERVATORY

所在地：東京都新宿区西新宿2-8-1／アクセス：都営地下鉄都庁前駅から徒歩すぐ、東京メトロ西新宿駅から徒歩5分／営業時間：午前9時30分～午後11時(最終入場は午後10時30分)／料金：無料／駐車場：有料
Access : A short walk from Tochomae sta. (Toei Subway), 5 min. from Nishi-shinjuku sta. (Tokyo Metro)

西新宿の高層ビル群を見下ろす。
Overlooking the skyscrapers of Nishi-shinjuku.

東京都庁第一本庁舎の45階で一般開放されている展望室からは、西新宿の街並みや東京タワーなどの都心方面、空気が良ければ富士山まで見渡すことができる。地上202mからの眺望は無料の展望室とは思えないほどの迫力。フロアには東京限定グッズやお土産を扱うショップがあり、観光の拠点としても最適。

TOKYO CITY 055 SHINJUKU

新宿エリア
バスタ新宿
BASUTA SHINJUKU

所在地：東京都渋谷区千駄ヶ谷5-24-55／アクセス：JR新宿駅新南改札に直結／営業時間：終日開放／駐車場：無し（近隣のパーキングを利用）
Access : Directly connected to JR Shinjuku sta.'s New South Gate

タカシマヤタイムズスクエアとNTTドコモ代々木ビル。
Takashimaya Times Square and NTT Docomo Yoyogi Building.

「バスタ新宿」は新宿駅周辺の各所に分散していた高速バス乗り場を、駅南側のホーム上を利用して集約した交通ターミナルである。施設内には複数のオープンスペースがあり、2階の歩行者広場や3階の歩行者デッキ、4階バス乗り場の休憩スペースから、JR新宿駅のホームと代々木方面の夜景を見ることができる。

タカシマヤタイムズスクエア ホワイトガーデン
TAKASHIMAYA TIMES SQUARE WHITE GARDEN

所在地：東京都渋谷区千駄ヶ谷5-24-2／アクセス：JR新宿駅新南口から徒歩1分／営業時間：午前11時～午後7時（3月～10月）、午前11時～午後6時（11月～2月）／料金：無料／駐車場：有料
Access : 1 min. walk from JR Shinjuku sta.'s New South Gate

新宿御苑と都心方面の夜景。
Night view of Shinjuku Gyoen National Garden and the city center.

新宿高島屋を中心とした複合商業施設「タカシマヤタイムズスクエア」。レストラン街に屋上庭園「ホワイトガーデン」があり、13階のテラスおよび14階の屋上から、眼下に広がる新宿御苑を中心とした夜景を楽しむことができる。閉門時間が早めなので、夜景鑑賞の際は秋～冬の時期に訪れる必要がある。

浅草・隅田川エリア
浅草寺
SENSOJI TEMPLE

五重塔 1973年に再建された五重塔。高さは約48m。

飛鳥時代の628年に建立されたとされる都内最古の寺「浅草寺」。下町情緒を今に残す浅草の繁華街を代表する観光地であり、国内外から多数の参拝客が訪れる。夜になると雷門、本堂、宝蔵門、五重塔が鮮やかにライトアップされ、美麗な姿が夜空に浮かび上がる。昼間とはまた異なった夜の境内は一見の価値あり。

所在地：東京都台東区浅草2-3-1／アクセス：東京メトロ・都営地下鉄・東武・つくばエクスプレス浅草駅から徒歩5分／営業時間：終日開放（ライトアップは午後11時まで）／料金：境内への入場は無料／駐車場：無し（近隣のパーキングを利用）
Access : 5 min. walk from Asakusa sta. (Tokyo Metro, Toei Subway, Tobu and Tsukuba Express)

本堂 本尊の聖観世音菩薩を祀っている中心堂宇。「観音堂」とも呼ばれる。

宝蔵門 仁王像が安置されている浅草寺の山門。かつては「仁王門」と呼ばれた。

雷門 赤い大提灯が有名な浅草寺の総門。正式名称は「風雷神門」。

仲見世商店街 活気溢れる浅草寺の表参道。日本で最も古い商店街のひとつ。

浅草・隅田川エリア

浅草文化観光センター 展望テラス
ASAKUSA CULTURE TOURIST INFORMATION CENTER OBSERVATION TERRACE

所在地：東京都台東区雷門2-18-9／アクセス：東京メトロ・都営地下鉄・東武浅草駅から徒歩／営業時間：午前9時〜午後10時／料金：無料／駐車場：無し（近隣のパーキングを利用）
Access : Walking distance from Asakusa sta. (Tokyo Metro, Toei Subway and Tobu)

雷門通りと浅草寺の夜景。
Night view of Kaminarimon dori and Sensoji Temple.

浅草寺の雷門前にある台東区の観光案内施設「浅草文化観光センター」。館内では4ヶ国語のガイドマップや観光情報を提供、台東区の歴史や文化を紹介する多目的スペースもある。8階には吹き抜けの展望テラスがあり、雷門や仲見世商店街、五重塔をはじめとした浅草寺の境内を上から見下ろすことができる。

浅草花やしき
ASAKUSA HANAYASHIKI

所在地：東京都台東区浅草2-28-1／アクセス：つくばエクスプレス浅草駅から徒歩3分、東京メトロ・都営地下鉄・東武浅草駅から徒歩8分／営業時間：時期により異なる／料金：有料／駐車場：無し（近隣のパーキングを利用）
Access : 3 min. from Asakusa sta. (Tsukuba Express), 8 min. from Asakusa sta. (Tokyo Metro, Toei Subway and Tobu)

花やしき通りとエントランスの夜景。
Night view of Hanayashiki street and the entrance.

「浅草花やしき」は江戸時代の1853年に開園した植物園「花屋敷」をルーツとする日本最古の遊園地として知られる。その後、戦時下の1935年に一度閉園するも、1947年に遊園地として再開園。アトラクションの追加や閉鎖を繰り返しながら、現在でも昔の風情が残る下町の遊園地として人々に親しまれている。

浅草・隅田川エリア

東京スカイツリー® 天望デッキ/天望回廊
TOKYO SKYTREE® TEMBO DECK/TEMBO GALLERIA

天望デッキから見る東京都心方面の大パノラマ。富士山のシルエットが見える。
A large panorama of the city center of Tokyo seen from the Tembo Deck.

所在地：東京都墨田区押上1-1-2／アクセス：東武とうきょうスカイツリー駅、東京メトロ・都営地下鉄押上駅からすぐ／営業時間：午前8時〜午後10時（最終入場は午後9時）／料金：有料／駐車場：有料
Access : A short walk from Tobu Tokyo Skytree sta. and Oshiage sta. (Tokyo Metro and Toei Subway)

2012年に完成した世界一の高さ（634m）を誇る自立式電波塔「東京スカイツリー」。地上350m地点の「天望デッキ」および地上450m地点の「天望回廊」からは、関東一円を眼下に収め、まるで山から見下ろしているかのような大パノラマが広がる。2018年10月には高さ155m地点の屋外を見学できる「スカイツリーテラスツアー」を開始した。

浅草・隅田川エリア
ソラマチダイニング スカイツリービュー
SOLAMACHI DINING SKYTREE VIEW

所在地：東京都墨田区押上1-1-2／アクセス：東武とうきょうスカイツリー駅、東京メトロ・都営地下鉄押上駅から徒歩すぐ／営業時間：午前11時～午後11時／料金：無料／駐車場：有料
Access : A short walk from Tobu Tokyo Skytree sta. and Oshiage sta. (Tokyo Metro and Toei Subway)

東京スカイツリー®の足元と東京都心方面。
The bottom of Tokyo Skytree and the city center of Tokyo.

東京スカイツリーの足元にある商業施設 東京ソラマチ®の最上階に位置し、上質で本物志向のレストランが揃う。30階～31階の両フロアにある北～東方向に開けた展望窓からは隅田川や荒川方面、30階のみにある西方向に開けた展望窓からは東京スカイツリーがまさに目の前という大迫力の眺望を楽しめる。

すみだ水族館
SUMIDA AQUARIUM

所在地：東京都墨田区押上1-1-2／アクセス：東武とうきょうスカイツリー駅、東京メトロ・都営地下鉄押上駅から徒歩すぐ／営業時間：午前9時～午後9時（最終入場は午後8時）※季節により変動あり／料金：有料／駐車場：有料

Access : A short walk from Tobu Tokyo Skytree sta.and Oshiage sta. (Tokyo Metro and Toei Subway)

夜の東京大水槽。
Tokyo big aquarium at night.

東京スカイツリータウン®内にある「すみだ水族館」は、海の生き物を身近に感じられる都市型水族館。小笠原諸島の海を再現した東京大水槽やペンギンたちが暮らす屋内開放型のプール水槽などが特徴。毎日午後6時以降は館内の照明が青色に変化する幻想的な「ブルーナイトアクアリウム」を楽しむことができる。

TOKYO CITY   065   Asakusa & Sumidagawa

浅草・隅田川エリア
東京スカイツリー鑑賞スポット
VIEWPOINTS OF TOKYO SKYTREE

隅田公園 アサヒビールタワーとスーパードライホール屋上の炎のオブジェ。

駒形橋 隅田川に映える吾妻橋のライトアップと東京スカイツリー。

浅草ハレテラス 浅草EKIMISEの屋上にある開放的な展望スペース。

汐入公園 荒川区東端にある公園。隅田川テラスと一体的に整備されている。

634mという圧倒的な高さを誇る東京スカイツリーは、実に様々な場所から鑑賞することができる。その中でも特に綺麗に見えるスポットを厳選して紹介。スカイツリーのライトアップ自体も非常に多彩なので、ぜひ同じスポットでも日時を変えて楽しんでみてほしい。

押上駅前自転車駐車場屋上広場 至近から見上げる東京スカイツリー。

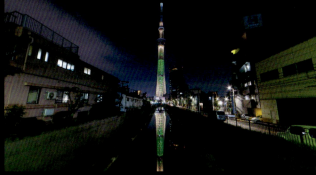

十間橋 北十間川に映る逆さスカイツリーが楽しめる人気スポット。

アルカキット錦糸町 錦糸町駅前にある商業施設の屋上。午後7時まで。

旧中川ふれあい橋 江東区と江戸川区を結ぶアーチ橋のライトアップ。

浅草・隅田川エリア
隅田川大橋
SUMIDAGAWA-OHASHI BRIDGE

所在地:東京都中央区日本橋箱崎〜江東区佐賀／アクセス:東京メトロ水天宮前駅から徒歩8分／駐車場:無し(近隣のパーキングを利用)
Access : 8 min. walk from Suitengumae sta. (Tokyo Metro)

永代橋のライトアップとタワーマンション群。
Illuminated Eitaibashi bridge and high-rise condominiums.

永代橋の北側に架かる「隅田川大橋」は首都高速深川線と一体化した隅田川唯一となる二層構造の橋梁となっている。橋上北側からは清洲橋と東京スカイツリー、南側からはライトアップされた永代橋と佃島方面のタワーマンション群という、どちら側も非常に質の高い夜景が楽しめるスポットとなっている。

石川島公園
ISHIKAWAJIMA PARK

所在地:東京都中央区佃2-1-5／アクセス:東京メトロ・都営地下鉄月島駅から徒歩7分／営業時間:終日開放／駐車場:無し(近隣のパーキングを利用)
Access : 7 min. walk from Tsukishima sta. (Tokyo Metro and Toei Subway)

パリ広場より中央大橋と永代橋のライトアップ。
Illuminated Chuo-ohashi bridge and Eitaibashi bridge seen from Paris plaza.

隅田川と晴海運河の分岐点、石川島播磨重工業の造船所跡地に整備された「石川島公園」。大川端リバーシティ21の一部となっており、下段には水辺に面した親水デッキ、上段には御影石が敷き詰められた「パリ広場」がある。園内からは北側に中央大橋と永代橋のライトアップ、東側に越中島方面の夜景が広がる。

浅草・隅田川エリア
越中島公園
ETCHUJIMA PARK

所在地：東京都江東区越中島1／アクセス：JR越中島駅から徒歩5分／駐車場：無し（近隣のパーキングを利用）
Access : 5 min. walk from JR Etchujima sta.

隅田川と佃島方面のトワイライト。
Twilight of Sumidagawa River and Tsukudajima.

隅田川の東岸沿い、大島川水門から相生橋にかけて広がる「越中島公園」は、街灯や散策路を含め非常に良く整備されており、ドラマのロケ地やジョギングコースとしても人気が高い。園内からは隅田川を行き交う屋形船や、対岸に建ち並ぶ大川端リバーシティ21のタワーマンション群などの夜景を楽しむことができる。

勝どき5丁目緑地
KACHIDOKI 5-CHOME RYOKUCHI PARK

所在地：東京都中央区勝どき5-7-1／アクセス：都営地下鉄勝どき駅から徒歩10分／駐車場：無し（近隣のパーキングを利用）
Access : 10 min. walk from Kachidoki sta. (Toei Subway)

汐留〜竹芝ふ頭方面のトワイライト。
Twilight of Shiodome and Takeshiba-futo.

勝どき5丁目の隅田川河口付近にある「勝どき5丁目緑地」。細長い公園内からは旧築地市場や浜離宮恩賜庭園、さらに汐留〜竹芝ふ頭方面にかけての夜景が広がる。中でも汐留シオサイトの高層ビル群が綺麗な角度で見えるのが大きな特徴で、比較的マイナーながらも非常に価値のある夜景スポットと言えるだろう。

浅草・隅田川エリア
隅田川の橋梁ライトアップ
ILLUMINATED BRIDGES OVER SUMIDAGAWA RIVER

桜橋 隅田川唯一の歩行者専用橋。上から見るとX字形になっている。

隅田川橋梁 東武伊勢崎線の鉄道橋。東京スカイツリーのライティングと連動する。

吾妻橋 隅田川クルーズの拠点の一つ。赤く染まる橋脚が美しい。

新大橋 かつて「大橋」と呼ばれた両国橋に続く橋として名付けられた。

東京都は白鬚橋から築地大橋の間で、橋梁ライトアップの新設や既存のライトアップをLEDに切り替えるなど、美しく照らし出された夜の隅田川の光景を東京の新たな観光名所とする計画を進めている。将来的には計13本の橋梁がライトアップされ、隅田川が光のラインで包まれる。

清洲橋 昭和初期を代表する美しい形状の吊橋。国の重要文化財。

永代橋 隅田川の夜景を象徴するアーチ橋。国の重要文化財。

中央大橋 兜をイメージした主塔のデザインが特徴的な斜張橋。

勝鬨橋 両端のアーチ橋の間が可動式の跳開橋。国の重要文化財。

東京湾岸エリア
フジテレビ 球体展望室 はちたま
FUJI TELEVISION SPHERICAL OBSERVATION ROOM HACHITAMA

品川～汐留方面にかけての大パノラマ。
A large panorama among Shinagawa and Shiodome area.

所在地：東京都港区台場2-4-8／アクセス：ゆりかもめ台場駅から徒歩3分、りんかい線東京テレポート駅から徒歩5分／営業時間：午前10時～午後6時※最終入館は午後5時30分まで（月曜日は休館）／料金：有料／駐車場：無し（近隣のパーキングを利用）
Access : 3 min. walk from Daiba sta. (Yurikamome) and 5 min. from Tokyo Teleport sta. (Rinkai line)

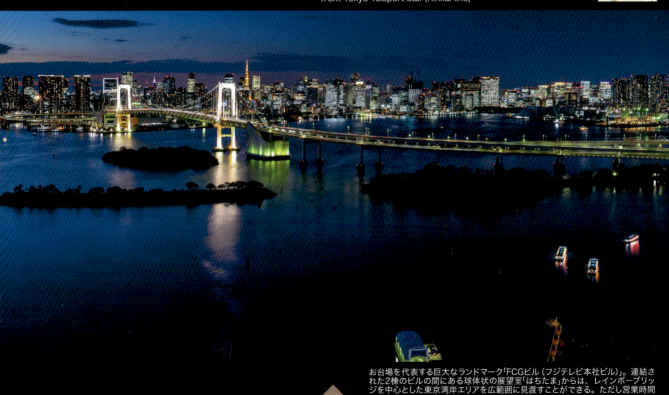

お台場を代表する巨大なランドマーク「FCGビル（フジテレビ本社ビル）」。連結された2棟のビルの間にある球体状の展望室「はちたま」からは、レインボーブリッジを中心とした東京湾岸エリアを広範囲に見渡すことができる。ただし営業時間が午後6時までなので、夜景を楽しめるのは晩秋から冬期のみとなる。

TOKYO CITY　　075　　TOKYO BAY AREA

東京湾岸エリア
パレットタウン大観覧車
PALETTE TOWN FERRIS WHEEL

所在地：東京都江東区青海1-3-10／アクセス：ゆりかもめ青海駅から徒歩すぐ、りんかい線東京テレポート駅から徒歩3分／営業時間：午前10時〜午後10時（金曜・土曜・祝前日は午後11時まで）／料金：有料／駐車場：無し（近隣のパーキングを利用）
Access : A short walk from Aomi sta. (Yurikamome) and 3 min. from Tokyo Teleport sta. (Rinkai line)

夢の大橋と有明方面の夜景。
Night view of Yume-no-ohashi bridge and Ariake.

お台場エリアにある複合施設「パレットタウン」の目印となっている直径100m、高さ115mの大観覧車。ゴンドラ内からはお台場〜有明の街並みや東京ゲートブリッジなど、ベイエリアの夜景を16分間じっくりと楽しむことができる。様々なパターンを表示する大観覧車のイルミネーションも特徴となっている。

お台場その他
VIEW SPOTS IN ODAIBA

東京のウォーターフロントを代表する観光地となっているお台場エリア。一帯にはショッピングやエンターテインメントを楽しめる大型商業施設が建ち並ぶ。海に面した歩行者デッキや公園からは、レインボーブリッジなどベイエリアの夜景が広がり、潮風を感じながらゆったりと散策できるスポットとなっている。

ウエストパークブリッジ 東京タワー方面へと真っ直ぐに伸びるデッキ。

女神のテラス 自由の女神像とレインボーブリッジの共演。

台場公園 幕末に築かれた砲台跡が残る公園(第三台場)。

夢の大橋 江戸火消しの纏をイメージした照明が美しい歩行者専用橋。

TOKYO CITY　077　TOKYO BAY AREA

東京湾岸エリア
テレコムセンター展望台
TELECOM CENTER OBSERVATORY

所在地：東京都江東区青海2-5-10／アクセス：ゆりかもめテレコムセンター駅から徒歩すぐ／営業時間：午後3時〜午後9時（土日祝は午前11時から）※月曜日は休館／料金：有料／駐車場：有料
Access : A short walk from Telecom Center sta. (Yurikamome)

お台場〜東京都心方面の夜景。
Night view among Odaiba and the city center of Tokyo.

お台場ウエストプロムナードの南端にある凱旋門のような「テレコムセンタービル」。21階に設けられている展望台からは、お台場の街並みやレインボーブリッジ、青海のコンテナターミナル、東京ゲートブリッジを一望できる。展望台は静かで落ち着いた雰囲気。窓際のテーブル席に座って夜景を楽しむことができる。

有明スポーツセンター
ARIAKE SPORTS CENTER

所在地：東京都江東区有明2-3-5／アクセス：ゆりかもめお台場海浜公園駅から徒歩10分／営業時間：午前9時〜午後9時30分（最終入場時間：午後9時・毎月第2・第4月曜日は休館）／料金：無料／駐車場：有料
Access : 10 min. walk from Odaiba-kaihinkoen sta. (Yurikamome)

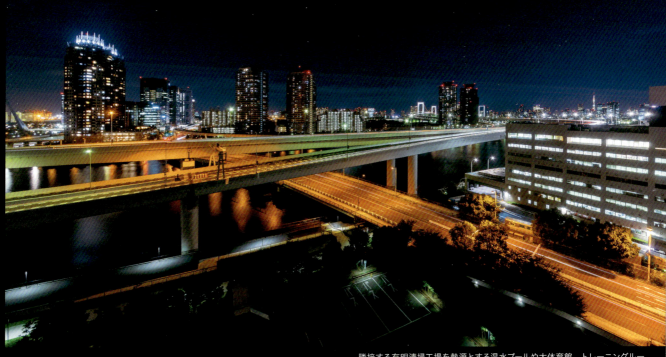

首都高速11号台場線とお台場のビル群。
Metropolitan Expressway No.11 Daiba Line and buildings in Odaiba.

隣接する有明清掃工場を熱源とする温水プールや大体育館、トレーニングルーム等を備える公共施設「有明スポーツセンター」。7階には周辺を一望できる展望廊下が設けられており、お台場方面のビル群や有明ジャンクション、遠くにはレインボーブリッジや東京都心方面の夜景まで見渡すことができる。

TOKYO CITY　079　TOKYO BAY AREA

東京湾岸エリア
東京ビッグサイト
TOKYO BIG SIGHT

所在地：東京都江東区有明3-11-1／アクセス：ゆりかもめ東京ビッグサイト駅（旧・国際展示場正門駅）から徒歩3分、りんかい線国際展示場駅から徒歩7分／営業時間：プロジェクションマッピングの日程は公式サイトを参照／駐車場：有料
Access : 3 min. walk from Tokyo Big Sight sta. (Yurikamome), 7 min. from Kokusai-tenjijo sta. (Rinkai line)

会議棟のプロジェクションマッピング。
Projection mapping of the Conference Tower.

1996年に開業した日本最大の国際展示場「東京ビッグサイト」。大小様々なイベントが開催されており、年間を通して多数の来場者が訪れる。施設のシンボルとなっている会議棟では、定期的にプロジェクションマッピングによる演出が行われ、逆三角形の壁面にバリエーション豊かな絵柄が浮かび上がる。

若洲海浜公園
WAKASU SEASIDE PARK

所在地：東京都江東区若洲3-1-2／アクセス：都営バス若洲キャンプ場前から徒歩5分／営業時間：終日開放／駐車場：有料
Access : 5 min. walk from Wakasu-camp-jo (Toei Bus)

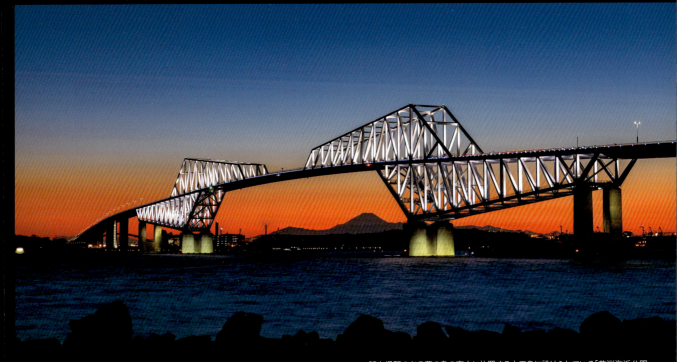

東京ゲートブリッジと富士山のトワイライト。
Twilight of Tokyo Gate Bridge and Mt. Fuji.

新木場駅のある夢の島の南方に位置する人工島に設けられている「若洲海浜公園」。海岸沿いの岩場から見る東京ゲートブリッジは絶景で、空気が良ければ富士山が見えることもある。東京ゲートブリッジ上の歩道は通常午後5時までとなっているが、7月〜9月の金曜日・土曜日には夜8時まで開放されている。

TOKYO CITY　081　TOKYO BAY AREA

東京湾岸エリア
豊洲
Toyosu

晴海と有明の間に挟まれた埋立地「豊洲」。かつては大規模な工場が建ち並ぶ工業地帯だったが、近年の再開発により大型商業施設や複数のタワーマンションが建設され、新しい街並みへと変貌した。また2018年10月には卸売市場の一つである築地市場が豊洲市場へと移転。食の観光拠点としても期待されている。

豊洲ぐるり公園 豊洲埠頭を囲むように整備された全長4.5kmの臨海公園。西端からはお台場方面〜芝浦〜晴海にかけての大パノラマが広がる。

豊洲市場 屋上緑化広場 豊洲新市場の屋上に開放された芝生広場。

ららぽーと豊洲 シーサイドデッキ 造船所の名残を留めるクレーンのライトアップ。

晴海大橋 橋上の展望スペースから見る晴海方面の夜景。

TOKYO CITY

春海橋 東京都港湾局専用線の廃線跡(晴海橋梁)と豊洲方面の夜景。

TOKYO BAY AREA

辰巳桜橋
TATSUMI SAKURABASHI BRIDGE

東京湾岸エリア

所在地：東京都港江東区東雲1〜辰巳1／アクセス：東京メトロ辰巳駅から徒歩すぐ／駐車場：無し（近隣のパーキングを利用）
Access : A short walk from Tatsumi sta. (Tokyo Metro)

辰巳桜橋と東雲のタワーマンション群。
Tatsumi-Sakurabashi bridge and high-rise condominiums in Shinonome.

東雲と辰巳の間を流れる辰巳運河に架かる「辰巳桜橋」。中央の主塔から伸びる斜張橋のケーブルと東雲地区に建ち並ぶタワーマンション群の夜景は近未来感に溢れる都市景観。橋の南側には辰巳水門、また東雲側のたもとにある東雲水辺公園からは、欄干の照明が美しい橋の全景を楽しむこともできる。

首都高速 辰巳第一PA/辰巳第二PA
Metropolitan Expressway Tatsumi No.1 PA / Tatsumi No.2 PA

辰巳第一PA 首都高速湾岸線東行きから9号深川線方面に向かう途中に設置されているパーキングエリア。夜景をバックに車を撮影できる人気スポットとなっている。

辰巳第二PA 首都高速湾岸線西行きから9号深川線方面に向かう途中に設置。　パーキング西側からは辰巳ジャンクションの夜景を見ることができる。

東京湾岸エリア
晴海客船ターミナル
HARUMI PASSENGER SHIP TERMINAL

所在地：東京都中央区晴海5-7-1／アクセス：都営バス晴海埠頭下車すぐ、都営地下鉄勝どき駅から徒歩35分／営業時間：終日開放／駐車場：有料
Access : Right next to the Harumi-futo stop (Toei Bus) or 35 min. walk from Kachidoki sta. (Toei Subway)

臨港広場と東京湾岸の夜景。
Night view of Rinko park and Tokyo Bay.

世界各国からのクルーズ船が入港する海の玄関口「晴海客船ターミナル」。ターミナル2階の乗降客コンコースや3階の送迎デッキ、1階の臨港広場からはレインボーブリッジや東京タワー方面の夜景を楽しむことができる。2020年に青海の「東京国際クルーズターミナル」に機能移転。当施設は廃止予定となっている。

晴海客船ターミナル 展望台
HARUMI PASSENGER SHIP TERMINAL VIEWING PLATFORM

所在地：東京都中央区晴海5-7-1／アクセス：都営バス晴海埠頭下車すぐ、都営地下鉄勝どき駅から徒歩35分／営業時間：時期により異なる（詳細は公式サイトを参照）／料金：無料／駐車場：有料

Access : Right next to the Harumi-futo stop (Toei Bus) or 35 min. walk from Kachidoki sta. (Toei Subway)

レインボーブリッジと芝浦〜竹芝方面の夜景。
Night view of Rainbow Bridge, Shibaura and Takeshiba.

四角錐形状の塔屋が特徴的な晴海客船ターミナルの6階には、周囲を360度一望できる展望施設が設けられている。白いフレームに囲まれた展望台内は吹き抜け状態となっており、窓ガラスの反射に邪魔されることなく夜景を楽しむことができる。前述の通り、当施設は2020年以降に廃止予定となっている。

東京湾岸エリア
芝浦南ふ頭公園
SHIBAURA-MINAMI FUTO PARK

所在地：東京都港区海岸3-33-20／アクセス：ゆりかもめ芝浦ふ頭駅から徒歩5分／営業時間：午前8時〜午後9時／料金：無料／駐車場：無し（近隣のパーキングを利用）
Access : 5 min. walk from Shibaura-futo sta. (Yurikamome)

レインボーブリッジ主塔のライトアップ。
Illuminated the main tower of Rainbow Bridge.

芝浦ふ頭の南東端にある「芝浦南ふ頭公園」。綺麗に整備された遊歩道からは、品川埠頭やお台場、晴海方面にかけての夜景が広がる。公園の上空にはレインボーブリッジが架かっており、巨大な橋桁やライトアップされた高さ126mの主塔を真下から見ることができる大迫力の夜景スポットとなっている。

レインボープロムナード
RAINBOW PROMENADE

所在地:東京都港区海岸3～台場1／アクセス:ゆりかもめ芝浦ふ頭駅から徒歩7分(芝浦側)・ゆりかもめお台場海浜公園駅から徒歩10分(お台場側)／営業時間・午前9時～午後9時(4月～10月)・午前10時～午後6時(11月～3月)※毎月第3月曜日は休館・最終入場は閉館の30分前まで／料金:無料／駐車場:無し(近隣のパーキングを利用)

Access : 7 min. walk from Shibaura-futo sta. (Yurikamome, Shibaura side), 10 min. walk from Odaiba-Kaihinkoen sta. (Yurikamome, Odaiba side)

芝浦アンカレイジと品川港南方面の夜景。
Night view of Shibaura Anchorage and Shinagawa Konan.

東京湾のランドマーク的存在であり、都心と臨海副都心を結ぶ「レインボーブリッジ」。芝浦側の芝浦アンカレイジおよびお台場側の台場公園付近から全長約1.7kmの遊歩道「レインボープロムナード」に登ることができ、橋上の各所に設けられた展望スペースから広大なベイエリアの夜景を楽しむことができる。

東京湾岸エリア
品川セントラルガーデン
SHINAGAWA CENTRAL GARDEN

所在地：東京都港区港南2-10／アクセス：JR品川駅から徒歩6分、京急品川駅から徒歩8分／営業時間：終日開放／駐車場：品川インターシティ駐車場（有料）
Access : 6 min. walk from JR Shinagawa sta., 8 min. walk from Shinagawa sta. (Keikyu)

品川セントラルガーデンと品川グランドコモンズのビル群。
Shinagawa Central Garden and buildings of Shinagawa Grand Commons.

品川駅東口の再開発地区「品川インターシティ」と「品川グランドコモンズ」の間に広がる遊歩道「品川セントラルガーデン」。敷地内には品川の自然をテーマとした7つのフォリー（東屋）や4つの水景が設けられており、ビル風を緩和するために植樹された約290本の樹木と共に、オフィス街の中のオアシスを形成している。

アクアパーク品川
AQUA PARK SHINAGAWA

所在地：東京都港区高輪4-10-30／アクセス：JR・京急品川駅から徒歩2分／営業時間：時期により異なる／料金：有料／駐車場：有料
Access : 2 min. walk from Shinagawa sta. (JR and Keikyu)

鮮やかな光彩に包まれる「ジェリーフィッシュランブル」。
Jellyfish Ramble surrounded by colorful lights.

品川プリンスホテルの敷地内にある都市型エンターテインメント施設「アクアパーク品川」。水族館内では昼夜で異なる演出が楽しめるイルカのパフォーマンスショーや、全面鏡張りの空間にクラゲ水槽が浮かび上がる「ジェリーフィッシュランブル」など、光と音が融合した幻想的な世界を楽しむことができる。

天王洲アイル
Tennoz Isle

東京湾岸エリア

所在地：東京都品川区東品川2／アクセス：東京モノレール・りんかい線天王洲アイル駅から徒歩／営業時間：施設により異なる／駐車場：有料
Access : Walking distance from Tennozu Isle sta. (Tokyo Monorail, Rinkai line)

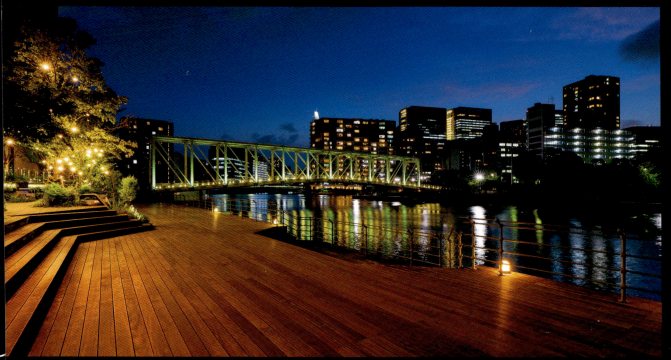

ボードウォークと天王洲ふれあい橋。
Boardwalk and Tennoz Fureai bridge.

江戸時代に築かれた第四台場跡を拡張して造成された埋立地の再開発地区「天王洲アイル」。島内には超高層ビルが建ち並び、運河沿いには水上レストランが浮かぶ。劇場やアートギャラリーが充実したアートの街としても有名。護岸沿いのボードウォークは憩いの場となっており、夜間のライトアップも美しい。

大井北部陸橋
Oi North Overpass

所在地：東京都品川区八潮／アクセス：東京モノレール品川シーサイド駅から徒歩10分／駐車場：無し（近隣のパーキングを利用）
Access : 10 min. walk from Shinagawa Seaside sta. (Rinkai line)

首都高速湾岸線と東海道新幹線。
Bayshore Route of Metropolitan Expressway and Tokaido Shinkansen.

品川シーサイド駅から京浜運河を渡った先にある「大井北部陸橋」。大井ふ頭を南北に走る都道316号線の一部で、首都高速湾岸線と東海道新幹線を跨ぐ構造となっている。南側の歩道上からは大井ジャンクション方面を見ることができ、高速道路を走る車や立体交差する新幹線など、ダイナミックな夜景が楽しめる。

葛西臨海公園
Kasai Rinkai Park

東京湾岸エリア

所在地：東京都江戸川区臨海町6／アクセス：JR葛西臨海公園駅から徒歩／営業時間：終日開放／駐車場：有料
Access : Walking distance from JR Kasai-Rinkai Park sta.

蓮池に映る大観覧車のライトアップ。
An illuminated large Ferris wheel reflected on the lotus pond.

江戸川区南端の臨海部に造成された「葛西臨海公園」は、都内最大級の面積（約80万㎡）を誇る。園内の展望広場や海辺の遊歩道からは広大な東京湾を一望でき、夕景が美しいことでも有名。夜間には葛西臨海水族園や大観覧車のライトアップ、対岸にある東京ディズニーリゾート方面の夜景などが楽しめる。

葛西臨海公園 ダイヤと花の大観覧車
DIAMOND AND FLOWERS FERRIS WHEEL IN KASAI RINKAI PARK

所在地:東京都江戸川区臨海町6-2／アクセス:JR葛西臨海公園駅から徒歩8分／営業時間:午前10時〜午後8時(土日祝は午後9時まで)／料金:有料／駐車場:有料
Access : 8 min. walk from JR Kasai-Rinkai Park sta.

首都高速湾岸線と都心方面の夜景。
Bayshore Route of Metropolitan Expressway and the city center of Tokyo.

葛西臨海公園のランドマーク「ダイヤと花の大観覧車」は、高さ117mと日本最大級の規模を誇る。ゴンドラに乗り込めば約17分間の空中散歩がスタート。眼下には東京ゲートブリッジをはじめとしたベイエリア周辺の眺望が広がり、遠くには東京都心方面のビル群や東京スカイツリーまで見ることができる。

東京23区北部エリア
サンシャイン60展望台 スカイサーカス
SKY CIRCUS Sunshine60 Observatory

西方向、池袋駅方面のトワイライト。
Westside, twilight at Ikebukuro sta.

所在地：東京都豊島区東池袋3-1／アクセス：東京メトロ東池袋駅から徒歩3分、JR・東京メトロ・西武・東武池袋駅から徒歩8分／営業時間：午前10時〜午後10時(最終入場は午後9時)／料金：有料／駐車場：有料

Access : 3 min. walk from Higashi-ikebukuro sta.(Tokyo Metro) and 8 min. walk from Ikebukuro sta. (JR, Tokyo Metro, Seibu and Tobu)

かつて日本一の高さ (239.7m) を誇った池袋のランドマーク「サンシャイン60」。最上階の展望台は、2016年に「スカイサーカス」としてリニューアルされ、様々なアトラクションが楽しめる施設へと進化を遂げた。海抜251mの高さから、池袋の街並みや新宿副都心、東京都心方面の夜景を見渡すことができる。

東京23区北部エリア
六義園
RIKUGIEN GARDEN

所在地：東京都文京区本駒込6／アクセス：JR・東京メトロ駒込駅から徒歩7分／営業時間：午前9時～午後5時（ライトアップはイベント時のみ）／料金：有料／駐車場：無し（近隣のパーキングを利用）
Access : 7 min. walk from Komagome sta. (JR and Tokyo Metro)

ライトアップされた六義園の紅葉。
Illuminated autumn leaves in Rikugien garden.

1695年に江戸幕府五代将軍・徳川綱吉の側用人だった柳沢吉保によって造園された「六義園」は、東京を代表する日本庭園として名高く、国の特別名勝に指定されている。庭園の象徴となっているツツジや大きな枝垂桜をはじめ、四季を通じて様々な見どころがあり、桜と紅葉のシーズンにはライトアップが行われる。

谷中銀座
YANAKA GINZA

所在地：東京都台東区谷中3他／アクセス：JR・京成・日暮里・舎人ライナー日暮里駅から徒歩5分、東京メトロ千駄木駅から徒歩3分／営業時間：店舗により異なる／駐車場：無し(近隣のパーキングを利用)

Access : 5 min. walk from Nippori sta.(JR, Keisei and Nippori-Toneri Liner) or a 3 min. walk from Sendagi sta. (Tokyo Metro)

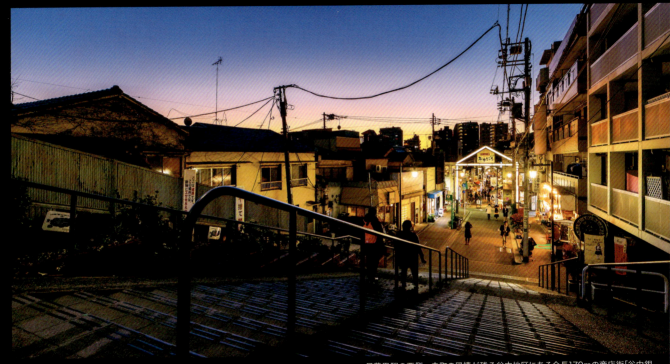

「夕やけだんだん」から見る谷中銀座の夕暮れ。
Yanaka Ginza at dusk from "Yuyake Dandan"

日暮里駅の西側、寺町の風情が残る谷中地区にある全長170mの商店街「谷中銀座」。個人商店を中心とした下町情緒溢れる商店街の風景は映画やドラマのロケ地としても使用され、近年では世界各地から観光客が訪れる。夕日の名所となっている入口付近の「夕やけだんだん」からは、古き良き時代の東京を感じられる。

東京23区北部エリア
江北ジャンクション
KOHOKU JUNCTION

所在地：東京都足立区江北2／アクセス：日暮里・舎人ライナー扇大橋駅から徒歩12分／営業時間：五色桜大橋のライトアップは午後10時まで／駐車場：無し（近隣のパーキングを利用）
Access : 12 min. walk from Ogi-ohashi sta. (Nippori-Toneri Liner)

江北ジャンクションと五色桜大橋。
Kohoku junction and Goshikizakuraohashi bridge.

首都高速中央環状線と川口線が分岐する「江北ジャンクション」。荒川の河川敷から、その構造を様々な角度で見ることができる。荒川に架かるアーチの形状が美しい2段構造の「五色桜大橋」は、108個のLEDを使用したライトアップが見どころとなっており、ジャンクションの曲線美との共演を楽しむことができる。

旧岩淵水門
OLD IWABUCHI SLUICE GATE

所在地:東京都北区志茂5-41-1／アクセス:東京メトロ赤羽岩淵駅、志茂駅から徒歩15分、JR赤羽駅から徒歩20分／駐車場：無し（近隣のパーキングを利用）
Access : 15 min. walk from Akabane-Iwabuchi sta. or Shimo sta. (Tokyo Metro), 20 min. walk from JR Akabane sta.

旧岩淵水門と川口市方面の夕景。
Evening view of the old Iwabuchi sluice gate and Kawaguchi city.

治水対策として荒川放水路と隅田川（旧荒川）の分岐点に建設された旧岩淵水門。現在はその役目を終えているが、1924年完成の歴史的価値の高い建造物として近代化産業遺産に認定されている。時期によっては旧岩淵水門のバックに夕日が沈み、水面の光と水門のシルエットが美しいコントラストを生み出す。

東京23区北部エリア
北とぴあ 展望ロビー
Hokutopia Observatory

所在地：東京都北区王子1-11-1／アクセス：東京メトロ王子駅に直結、JR王子駅から徒歩2分、東京さくらトラム（都電荒川線）王子駅前駅から徒歩2分／営業時間：午前8時30分〜午後10時／料金：無料／駐車場：有料
Access : Directly connected to Oji sta. (Tokyo Metro), 2 min. walk from JR Oji sta. and Oji-ekimae sta. (Toden Arakawa line)

王子駅周辺の街並みと飛鳥山公園。
Towns around Oji sta. and Asukayama park.

東京都北区の王子貨物駅跡地に建設された複合施設「北とぴあ」。17階の展望ロビーには3方向に展望窓が設置されており、南側からは眼下に王子駅と飛鳥山公園、遠くには東京スカイツリーや東京タワーといった都心方面の眺望が広がる。また東側からは足立区方面、北側からは埼玉方面を見ることができる。

飛鳥山公園歩道橋
Asukayama Park Footbridge

所在地：東京都北区王子1～滝野川2／アクセス：東京さくらトラム（都電荒川線）飛鳥山駅から徒歩1分、王子駅前駅から徒歩4分、JR・東京メトロ王子駅から徒歩4分／駐車場：無し（近隣のパーキングを利用）
Access : 1 min. walk from Asukayama sta., 4min. from Oji-ekimae sta. (Toden Arakawa Line), 4min. from Oji sta. (JR, Tokyo Metro)

飛鳥山駅を発着する都電荒川線。
Toden Arakawa Line leaving from Asukayama sta.

桜の名所として有名な飛鳥山公園の西側に架かる「飛鳥山公園歩道橋」は、都電荒川線の車両を上から眺めることができるスポットとして知られる。交差点を行き交う多数の車やバスに混じって、カーブの先から次々と路面電車が現れる様子は、昭和時代の東京にタイムスリップしたような錯覚を感じさせる。

東京23区東部エリア
タワーホール船堀 展望室
TOWER HALL FUNABORI OBSERVATORY

所在地：東京都江戸川区船堀4-1-1／アクセス：都営地下鉄船堀駅から徒歩すぐ／営業時間：午前9時～午後9時30分／料金：無料／駐車場：有料
Access : A short walk from Funabori sta. (Toei Subway)

荒川越しに見る東京都心方面。
The city center of Tokyo seen over Arakawa river.

船堀駅前に立地する江戸川区の公共施設「タワーホール船堀」。外観上の特徴となっている高さ115mのタワー内にある展望室からは360度の大パノラマが広がる。西方向は特に絶景で、カーブを描く荒川と首都高速中央環状線や東京スカイツリー、空気が良ければ都心のビル群のバックに富士山が見える。

かつしかハープ橋
Katsushika Harp Bridge

所在地：東京都葛飾区東四つ木1〜西新小岩3／アクセス：京成四つ木駅から徒歩15分／営業時間：ライトアップは午後10時まで／駐車場：無し（近隣のパーキングを利用）
Access : 15 min. walk from Keisei Yotsugi sta.

かつしかハープ橋のライトアップと上平井水門。
Illuminated Katsushika Harp bridge and Kamihirai-suimon watergate.

綾瀬川と中川の合流点に架かる首都高速中央環状線の「かつしかハープ橋」。S字カーブを描く世界初の曲線斜張橋で、2本の主塔から張られたケーブルが楽器のハープのように見えることから名付けられた。夜間は主塔のライトアップが行われており、荒川河川敷や中川沿い、上平井橋などから鑑賞することができる。

東京23区東部エリア
柴又帝釈天
SHIBAMATA TAISHAKUTEN TEMPLE

所在地：東京都葛飾区柴又7-10-3／アクセス：京成柴又駅から徒歩3分／参拝時間：午前5時〜午後8時／駐車場：無し（近隣のパーキングを利用）
Access : 3 min. walk from Keisei Shibamata sta.

帝釈天参道と二天門のライトアップ。
Illuminated approach to Taishakuten and Nitenmon gate.

柴又を舞台にした映画「男はつらいよ」の寅さんシリーズで知られる「柴又帝釈天」は、1629年に開創された日蓮宗の寺院で、正式には「経栄山題経寺」と呼ばれる。夜間には二天門や大鐘楼がライトアップされ、柴又駅から続く200mの帝釈天参道では店舗の軒下に設置された「宵灯り」が参道の石畳を優しく照らす。

中川奥戸展望デッキ
Nakagawa Okudo Observation Deck

所在地：東京都葛飾区奥戸1-29-1付近／アクセス：京成立石駅から徒歩16分、JR新小岩駅から徒歩20分／営業時間：終日開放／料金：無料／駐車場：無し（近隣のパーキングを利用）
Access : 16 min. walk from Keisei Tateishi sta. 20 min. walk from JR Shin-Koiwa sta.

展望デッキから見る東京スカイツリー方面。
Tokyo Skytree from the observation deck.

葛飾区の中川沿いに整備された遊歩道の左岸にある「中川奥戸展望デッキ」は、かつしかハープ橋や東京スカイツリー、さらに東京タワーのライトアップまで見ることができる静かで雰囲気の良い夜景スポットとなっている。また右岸にある東立石緑地公園からも同様に美しい夜景を楽しむことができる。

東京23区南部エリア
羽田空港
HANEDA AIRPORT

日本の空の玄関口である「東京国際空港(羽田空港)」。国内線と国際線の3つのターミナルビル全てに展望デッキが設けられており、待機中の航空機や離着陸の様子を楽しむことができる。夜間には誘導路の色鮮やかな灯火が輝き、展望デッキの落ち着いた雰囲気と共にロマンチックな夜景を演出する。

第1ターミナル展望デッキ　夕景が素晴らしい西方向に開けた展望デッキ。空気が良ければ国際線ターミナルビルの背後に富士山のシルエットが見える。

所在地：東京都大田区羽田空港／アクセス：東京モノレール羽田空港第1ビル駅、羽田空港第2ビル駅、羽田空港国際線ビル駅・京急羽田空港国内線ターミナル駅・羽田空港国際線ターミナル駅／営業時間：午前6時30分〜午後10時（第1・第2ターミナル）、終日開放（国際線ターミナル）／料金：無料／駐車場：有料
Access : Haneda Airport Terminal 1 sta., Haneda Airport Terminal 2 sta. and Haneda Airport International Terminal sta. (Tokyo Monorail), Haneda Airport Domestic Terminal sta. and Haneda Airport International Terminal sta. (Keikyu line)

第2ターミナル展望デッキ デッキ上のイルミネーション「星屑のステージ」が特徴。

国際線ターミナル展望デッキ 羽田で唯一24時間開放されている展望デッキ。

城南島海浜公園 風向きによっては直陸時の航空機が至近を通過する。

京浜島緑道公園 京浜島の南端。A滑走路の延長線上に位置する公園。

東京23区南部エリア
池上会館
IKEGAMI KAIKAN BUILDING

所在地：東京都大田区池上1-32-8／アクセス：東急池上駅から徒歩7分／営業時間：屋上庭園は終日開放（展望台は午前8時30分〜午後7時）／料金：無料／駐車場：有料
Access : 7 min. walk from Tokyu Ikegami sta.

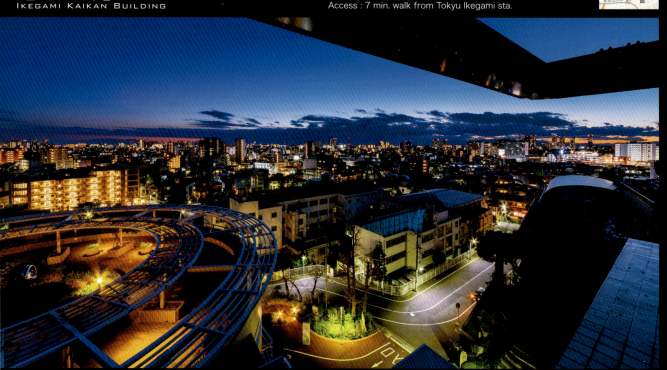

展望台より屋上庭園と大田区の街並み。
Rooftop garden and the streets of Ota City from the observatory.

日蓮宗の大本山「池上本門寺」の境内に隣接する大田区の公共施設「池上会館」。屋上には終日開放された庭園があり、周辺の街並みや武蔵小杉方面を眺めることができる。また午後7時までとなるが、北側にある展望台に上れば視界はさらに大きく開け、池上本門寺の五重塔方面も見渡すことができる。

多摩川浅間神社
Tamagawa Sengen Shrine

所在地:東京都大田区田園調布1-55-12／アクセス:東急多摩川駅から徒歩2分／参拝時間:終日開放／料金:無料／駐車場:無料(参拝者専用駐車場)
Access : 2 min. walk from Tokyu Tamagawa sta.

多摩川に架かる丸子橋と武蔵小杉駅方面。
Marukobashi bridge over Tamagawa river and Musashikosugi sta.

鎌倉時代の1185年〜1190年頃に創建されたとされる「多摩川浅間神社」。社殿は東京都内唯一の浅間造となっている。開放された社務所の屋上からは多摩川方面の眺望が広がり、近年急速に発展を続ける武蔵小杉駅周辺のタワーマンション群や丸子橋、さらに東急東横線の鉄道橋の夜景を楽しむことができる。

東京23区西部エリア
練馬区役所展望ロビー
NERIMA CITY OFFICE OBSERVATION LOBBY

所在地：東京都練馬区豊玉北6-12-1／アクセス：西武練馬駅から徒歩5分、都営地下鉄練馬駅から徒歩7分／営業時間：午前9時〜午後9時30分（毎月第4日曜日は閉庁）／料金：無料／駐車場：有料
Access : 5 min. walk from Seibu Nerima sta., 7 min. walk from Nerima sta. (Toei Subway)

東方向、池袋〜新宿方面の夜景。
Eastside, night view amoung Ikebukuro and Shinjuku.

練馬区役所本庁舎の20階に一般開放されている展望ロビーには、フロア内の4箇所に展望窓があり、約90mの高さから360度に近い眺望が広がる。また展望レストランが併設されており、景色を眺めながらランチやディナーを楽しむこともできる。眺望の素晴らしさの割に訪れる人は少なく、隠れた穴場スポットとなっている。

としまえん
TOSHIMAEN AMUSEMENT PARK

所在地：東京都練馬区向山3-25-1／アクセス：西武豊島園駅から徒歩すぐ、都営地下鉄豊島園駅から徒歩2分／営業時間：時期により異なる／料金：有料／駐車場：有料
Access : A short walk from Seibu Toshimaen sta., 2 min. walk from Toshimaen sta. (Toei Subway)

冬期に行われている園内のイルミネーション。
Winter illumination inside the park.

1926年に事業家の藤田好三郎が所有していた土地を運動と園芸を広く奨励するために公開したのが、遊園地「としまえん」のルーツとなっている。園内には世界最古級のメリーゴーランドなど懐かしさを感じさせる遊具が残り、季節ごとに様々なイベントが開催されるなど、昔も今も地域の人々の憩いの場として愛されている。

スカイキャロット展望ロビー
Sky Carrot Observation Lobby

東京23区西部エリア

所在地：東京都世田谷区太子堂4-1-1／アクセス：東急三軒茶屋駅に直結／営業時間：午前9時30分〜午後11時 ※第2水曜日は休館／料金：無料／駐車場：有料
Access：Directly connected to Tokyu Sangenjaya sta.

首都高速3号渋谷線と東京都心方面の夜景。
Metropolitan Expressway No.3 Shibuya Line and the city center of Tokyo.

三軒茶屋のランドマークとなっているニンジン色の高層複合ビル「キャロットタワー」。26階にある展望スペースは地上約120m。複数の展望窓から東京の夜景を一望することができる。フロア内はソファなどの休憩スペースが充実、カフェバーも併設されており、非常に雰囲気の良い夜景スポットとなっている。

ラ・ヴィータ
La Vita

所在地：東京都目黒区自由が丘2-8-3／アクセス：東急自由が丘駅から徒歩4分／営業時間：店舗により異なる／駐車場：無し（近隣のパーキングを利用）
Access : 4 min. walk from Tokyu Jiyugaoka sta.

ラ・ヴィータの街並み。
The streets of La Vita.

多数の雑貨屋やカフェが集積する自由が丘の一角に、水の都ベネチアの街並みを再現した「ラ・ヴィータ」。石畳の街路やレンガ造りの洋館、運河の橋やゴンドラなど、まるで異国の地にいるかのような雰囲気を味わうことができる。夜間には暖色系の街灯が優しく街並みを浮かび上がらせる。

調布市文化会館たづくり 展望ロビー
CHOFU CITY CULTURE HALL TAZUKURI OBSERVATORY

東京都下エリア

所在地：東京都調布市小島町2-33-1／アクセス：京王調布駅から徒歩4分／営業時間：午前8時30分〜午後10時（毎月第4月曜日とその翌日は休館）／料金：無料／駐車場：有料
Access : 4 min. walk from Keio Chofu sta.

調布市街と稲城〜府中にかけての街並み。
City center of Chofu and the streets between Inagi and Fuchu.

調布市役所に隣接する公共の複合施設「調布市文化会館たづくり」。地上約50mの高さにある12階の展望ロビーからは調布市の街並みや多摩西部方面を見渡すことができる。遠くには関東山地の稜線が広がり、空気が良ければ富士山を望むこともできる。多摩エリアの展望台として非常に貴重な存在となっている。

よみうりランド
YOMIURI LAND

所在地:東京都稲城市矢野口4015-1／アクセス:京王よみうりランド駅からゴンドラ「スカイシャトル」またはバス、小田急読売ランド前駅からバス／営業時間:時期により異なる／料金:有料／駐車場:有料
Access : Take the Sky Shuttle or a bus from the Keio-Yomiuriland sta., take a bus from Odakyu Yomiuriland-mae sta.

大観覧車から見る園内のイルミネーション。
Illumination of Yomiuri Land from Ferris Wheel.

東京都稲城市と神奈川県川崎市にまたがる広大な遊園地「よみうりランド」。お子様向けから絶叫系まで多数のアトラクションを備え、イベントやステージショーで一年中楽しめる施設となっている。冬期のイルミネーションは首都圏最大級の規模を誇り、期間中は園内の各所がきらびやかな光に包まれる。

東京都下エリア
狭山公園
SAYAMA PARK

所在地：東京都東村山市多摩湖町3他／アクセス：西武遊園地駅から徒歩5分／営業時間：終日開放／駐車場：無料 (午前9時〜午後5時)
Access : 5 min. walk from Seibu-Yuenchi sta.

多摩湖の夕景。
Evening view of Tama Lake.

狭山丘陵南部の狭山自然公園内、村山貯水池 (多摩湖)の堰堤東側に広がる「狭山公園」。樹林の中に遊歩道や開放感のある広場が整備されており、自然の中で散策を楽しめるスポットとなっている。堤防上からは雄大な多摩湖の水景が広がり、夕日が沈みゆく時間帯には、まるで絵画のような絶景が広がる。

桜ヶ丘公園 ゆうひの丘
SAKURAGAOKA PARK SUNSET HILL

所在地：東京都多摩市連光寺3／アクセス：京王聖蹟桜ヶ丘駅から徒歩25分／営業時間：終日開放／駐車場：無料（午後8時まで）／※ライトの持参を推奨

Access : 25 min. walk from Keio Seiseki-Sakuragaoka sta.

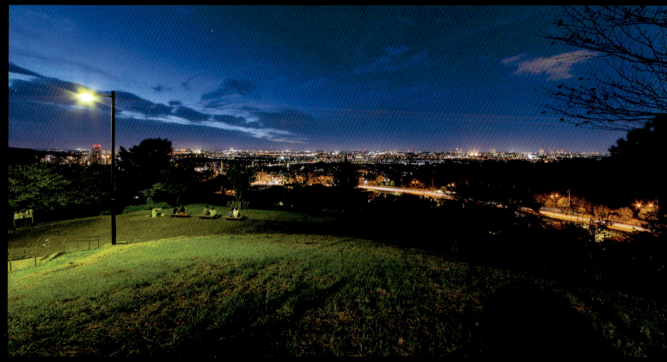

ゆうひの丘より府中方面の夜景。
Night view of Fuchu city from Sunset hill.

多摩丘陵自然公園の一部となっている多摩市の「桜ヶ丘公園」。園内はかなりの高低差があり、山歩きのような感覚で散策できる遊歩道が整備されている。芝生の斜面が特徴的な展望スポット「ゆうひの丘」は非常に雰囲気が良く、週末になると多くの人々が夕景や夜景を見るために訪れる人気の高いスポット。

多摩丘陵パノラマの丘
Tama Panorama Hill

東京都下エリア

所在地：東京都多摩市永山7／アクセス：京王・小田急永山駅から徒歩25分／営業時間：終日開放／駐車場：無し（近隣のパーキングを利用）／※ライトの持参を推奨
Access : 25 min. walk from Nagayama sta. (Keio and Odakyu)

多摩丘陵パノラマの丘より多摩センター方面の夜景。
Night view of Tama Center from Tama Panorama Hill.

多摩丘陵の尾根道に整備されている「多摩よこやまの道」。その途中にある展望スポット「多摩丘陵パノラマの丘」からは、多摩センターや永山方面の眺望を楽しむことができる。少し分かりにくい場所にあるためか、その素晴らしい眺望の割に訪れる人が少なく、穴場的な夜景スポットとなっている。

みはらし公園
MIHARASHI PARK

所在地：東京都日野市南平2／アクセス：京王南平駅から徒歩15分／営業時間：終日開放／駐車場：無し（近隣のパーキングを利用）／※ライトの持参を推奨
Access : 15 min. walk from Keio Minamidaira sta.

みはらし公園より八王子方面の夜景。
Night view of Hachioji city from Miharashi Park.

日野市南平の住宅街の一角にある「みはらし公園」。公園内からの眺望はあまり開けていないが、奥の階段を上った先には八王子や立川方面まで広く見渡せる展望ポイントが存在する。その眺望は多摩エリア最大級。地元では良く知られており、多くの人々が散歩に訪れる夜景スポットとなっている。

東京都下エリア
八王子城跡
HACHIOJIJO CASTLE RUINS

所在地:東京都八王子市元八王子町3／アクセス:JR高尾駅から西東京バス 八王子城跡バス停下車 展望地まで徒歩50分（夜間及び平日は霊園前・八王子城跡入口バス停を利用）／駐車場:夜間は近隣のパーキングを利用／※夜の登山道ではライト必須
Access : 50 min. walk to the observatory from Hachioji-jo-ato bus stop (Nishi Tokyo Bus from JR Takao sta.). Use Reienmae-Hachioji-jo-ato-iriguchi bus stop on weekdays and during the night.

八王子市街～東京都心方面の夜景。
Night view of Hachioji city towards central Tokyo.

戦国時代の末期、標高445mの深沢山（現城山）に築かれた山城「八王子城」。現在は史跡として管理されており、虎口や石垣の一部などが復元されている。本丸跡や八王子神社がある山頂へは登山道が整備されており、9合目付近にある東側に視界が開けた展望地からは八王子市街を一望することができる。

高尾山
MT.TAKAO

所在地:東京都八王子市高尾町／アクセス:京王高尾山口駅から徒歩でケーブル清滝駅へ(ケーブルカーの最終時刻に注意)／駐車場:有料(京王高尾山口駅)／※夜の登山道ではライト必須
Access : Walk to Cable Kiyotaki sta. from Keio Takaosanguchi sta. (Be sure to take note of the time of the last cable car)

展望レストランから見る東京方面の夜景。
Night view of Tokyo from the observatory restaurant.

関東山地の東端に位置する標高599mの「高尾山」。都心からのアクセスが良く、手軽に四季を感じられる山ということもあり、その登山者数は世界一と言われる。ケーブルカーやリフトで中腹まで登ることができ、ケーブル高尾山駅すぐの「かすみ台展望台」や展望レストランから東京方面を一望することができる。

東京都下エリア
景信山
Mt.Kagenobu

景信山山頂より東京方面の夜景。
Night view of Tokyo from Mt. Kagenobu.

所在地：東京都八王子市裏高尾町／アクセス：JR高尾駅から京王バス 小仏バス停下車 山頂まで徒歩70分／駐車場：無料（景信山登山口付近）／※夜の登山道ではライト必須
Access : 70 min. walk to the top of the mountain from Kobotoke bus stop (Keio Bus) from JR Takao sta.

高尾山〜陣馬山と続く奥高尾縦走路上、東京都と神奈川県の県境にある標高727mの「景信山」。茶屋のある山頂の広場からは関東平野の大パノラマが広がり、八王子市や相模原市の街並み、遠くには東京都心や横浜方面のランドマークまで視認できる。その眺望は東京都の山で最大級の視界の広さを誇る。

御岳山
Mt. Mitake

東京都下エリア

所在地:東京都青梅市御岳／アクセス:JR御嶽駅から西東京バスでケーブル滝本駅へ（ケーブルカーの最終時刻に注意）／駐車場:有料（滝本駅駐車場は午後7時まで）／※夜の登山道ではライト必須
Access : Take the Nishi Tokyo Bus from JR Mitake sta. to Cable Takimoto sta.

御岳平より日の出山と東京方面の夜景。
Night view of Mt. Hinode and Tokyo from Mitakedaira.

古くから山岳信仰の対象として崇められてきた標高929mの「御岳山」。平均勾配22度の傾斜を登るケーブルカーでアクセスできる「御岳平」や、そこからリフトに乗って到達できる「富士峰園地展望台」からは、遠くに東京や埼玉方面の街並みが広がる。元旦には初日の出を見るために多くの参拝客が訪れる。

おわりに

　2002年頃から関西を中心に写真活動を行ってきた私にとって、東京への進出は非常に大きな挑戦でした。

　2014年初版の弊著『大阪夜景』の姉妹本として企画された本書『東京夜景』ですが、私自身に十分な知識と撮影経験がある大阪に対し、東京は未知の世界に等しいものであり、企画のお話をいただいた時点では、本当にできるのかと不安になることさえありました。しかし大阪人として、外側から客観的に東京という大都市を見られることは大きな利点でもあり、旧来の東京夜景のイメージを打破し、未知のランドスケープを再構築できるのではないかと考えるようになりました。それが本書制作の大きなモチベーションとなり、非常にやりがいのある作業へと変わっていきました。

　掲載スポットの選定は、ウェブサイト上で活動する諸先輩方、および関東出身の知人の協力を得ることにより行いましたが、実際に自分の目で確認するまでは掲載の可否を判断することはできません。本書制作のため東京に移住し、約9ヶ月をかけて実に250ヶ所以上に及ぶ夜景スポットを訪れました。滞在中は下見と撮影、編集作業に明け暮れ、精も根も尽き果てるような毎日でしたが、その過程において東京という街の奥深さを実感できたことは、私自身の視点を広げるという意味で非常に有意義なものでした。

　近年、東京都心部では各所で大規模な再開発が行われており、新しい高層ビルや商業施設が次々と誕生しています。また東京五輪に向けて古いインフラの再整備や、隅田川沿いの橋梁ライトアップの整備も進んでいます。高度経済成長期以来ともいわれる街の新陳代謝の激しさ故に、どの時点を切り取っても書籍という媒体ではいつか時代遅れになってしまうのですが、これが現時点での世界に誇れる新しい「東京夜景」だと自信を持って言える一冊に仕上がったと自負しています。

　最後に、『大阪夜景』よりお世話になっている編集者＆装幀家の神崎夢現氏、創元社編集部の山口泰生氏、小野紗也香氏、スポット選定および撮影に協力していただいたSupira氏、新庄章広氏、夜景登山家の松原了太氏、そしてこの本を手に取って下さった読者の皆様に感謝を申し上げます。

PROFILE
堀 寿伸 [HORI Toshinobu]
写真家。
1977年大阪生まれ。立命館大学経済学部卒。
2002年に写真サイト「大阪 at Night −大阪の夜景−」を開設。夜景文化の発展と認知度の向上を目指して活動を続けている。近著に『大阪夜景 増補改訂版』、『山夜景をはじめて楽しむ人のための関西ナイトハイキング』(いずれも創元社)がある。

★大阪 at Night −大阪の夜景−
http://www.osakanight.com/

★大阪 at Night ブログ―大阪の夜景と都市風景探訪―
http://blog.osakanight.com/

★大阪の夜景動画チャンネル(YouTube)
http://www.youtube.com/user/OsakaNightTube

編集・デザイン	神崎夢現 [mugenium inc.]
企画	mugenium inc.
撮影・編集協力	東京タワー
	新庄章広 (http://tokyoyakei.jp/)
	Supira (http://supiral.com/)
	松原了太 (https://nighthiking.jp/)
写真提供	PIXTA (P017右下)
地図製作	河本佳樹 [編集工房ZAPPA]

東京夜景 [とうきょうやけい]
2019年2月20日　第1版第1刷　発行

著者　　堀 寿伸
発行者　矢部敬一
発行所　株式会社創元社
　　　　https://www.sogensha.co.jp/
本社　　〒541-0047 大阪市中央区淡路町4-3-6
　　　　Tel.06-6231-9010 Fax.06-6233-3111
東京支店 〒101-0051 東京都千代田区神田神保町1-2田辺ビル
　　　　Tel.03-6811-0662

印刷所　図書印刷株式会社

©2019 HORI Toshinobu, Printed in Japan
ISBN978-4-422-25086-1 C0026
〈検印廃止〉落丁・乱丁のときはお取り替えいたします。

JCOPY <出版者著作権管理機構委託出版物>
本書の無断複製は著作権法上での例外を除き禁じられています。
複製される場合は、そのつど事前に、出版者著作権管理機構
(電話03-5244-5088、FAX 03-5244-5089、e-mail : info@jcopy.or.jp)
の許諾を得てください。